사랑받기보다
차라리 두려운 존재가 되라

"운명은 항상 청년들에게 이끌린다.
왜냐하면 그들은 덜 신중하고 더 공격적이며,
더욱 대담하게 운명을 다루기 때문이다."

- 《군주론》 제25장 -

사랑받기보다
차라리 두려운 존재가 되라

세상에서 가장 위험한 인생철학 《군주론》

더스
퀘어

분노도 없이 애정도 없이, 세상 속에 나를 전진시킨다는 것

지금, 왜《군주론》이 필요한가?

1,500℃를 견딜 수 있는 용광로 안에서 비로소 철광석은 쇳물로 변하고 불순물이 제거된 깨끗한 강철이 된다. 더 순도 높은 금속을 만들기 위한 이 과정은, 삶에 비유하자면 몸과 마음을 단련해 굳세게 만드는 것을 의미한다.

어렵고 힘든 상황에 처한 사람에게는 여러 조언과 권고가 필요하지만, 그 내용에도 다양한 스펙트럼이 있다. 남부럽지 않은 사회적 지위를 가진 엘리트가 하는 조언도 분명 도움이 되겠지

만, 인생의 밑바닥까지 내려가 고통을 느껴 본 사람이 하는 조
언은 그 무게감이 남다를 수밖에 없다. 최고의 영광과 나락의
고통. 만약 이 두 가지 상태를 모두 오가며 단련한 통찰과 조언
이라면 가장 효과적인 '순도 100퍼센트의 인생 전략'이 될 수
있을 것이다.

위험한 현자
니콜로 마키아벨리^{Niccolò Machiavelli}

그는 꽤 많은 오해를 받고 악명을 뒤집어썼던 인물이다. 가장
대표적인 것이 '마키아벨리즘Machiavellism'이라는 표현이다. 목
적을 위해서는 그 어떤 수단과 방법도 정당화될 수 있으며, 무
엇보다 비도덕적인 방법도 얼마든지 사용할 수 있다고 여기는
일군의 주장을 통칭하는 말이다. 그래서 마키아벨리즘이라는
표현에는 '권모술수, 기회주의, 배신'이라는 부정적인 의미들이
따라다닌다.

　그에 대한 이러한 평가 속에서《군주론》이 정당한 평가를 받
지 못했던 것은 어쩌면 자연스러운 일이다. 미국 정치 철학자
레오 스트라우스Leo Strauss는 마키아벨리를 '악의 교사Teacher of
evil'라고 맹비난했고, 한때 교황청은《군주론》을 금서로 지정했

다. 당시 주류 사회는 그의 생각이 비도덕적이고 반종교적이며, 그래서 읽혀서는 안 될 매우 위험한 내용이라고 여겼다.

하지만 이런 인식들에는 커다란 오해와 편견이 작용했다. 사실 마키아벨리는 성장기 불우한 환경에서 주변의 수많은 약자들을 지켜보면서 공동체의 이익과 안녕을 중요하게 생각하는 공화주의에 대한 강렬한 꿈을 키워 왔다. 무엇보다 《군주론》은 시민들의 자유와 안정을 지키는 군주야말로 세력을 넓혀 나갈 수 있다고 강조했으며, 동시에 포퓰리즘을 경계하고 독점적 권력을 허용하지 않아야 한다는 등 오늘날 이상적인 민주주의자의 모습을 보여주기도 했다. 그의 이러한 철학은 어떻게 형성된 것인지 좀 더 들여다보자.

마키아벨리는 1469년 피렌체의 어느 가난한 집안에서 태어났다. 아버지는 계약서를 대리 작성해주는 법률 공증인이기는 했지만, 당시 경쟁이 심하다 보니 실업자 신세나 마찬가지였다. 마키아벨리 역시 다른 저서에서 자신의 어린 시절을 회상하며 '궁핍함 속에서 살아가는 방식을 먼저 배웠다'고 기록할 정도였다.

하지만 다행히도 그에게는 매우 풍요로운 인문학적 환경이 제공되었다. 아버지는 아들에게 줄 책을 얻기 위해 별도의 임금을 받지 않고 일할 정도로 열성적이었고, 덕분에 마키아벨리는 어려서부터 고대 철학과 역사, 시 등에 많은 관심을 갖고 빠져들었다. 스물아홉 살에 공화국의 서기장이 되어 잘나가는 공직자로 활약한 데에는 유년 시절의 엄청난 독서 편력이 크게 작용했다. 다채로운 인문학으로 무장했던 그의 시선은 늘 남달랐고 본질에 대한 통찰이 뛰어났다. 그래서 그가 작성한 공문서들은 당시 관료 사회에서 높은 평가를 받았다.

게다가 마키아벨리는 책상에서 업무만 처리하던 단순한 공직자가 아니었다. 나라가 위기에 처할 때마다 최전선에 파견되어 침략자들을 만나 협상을 진행한 실력 있는 외교관이었고, 민첩하고 명민한 전략으로 조국을 위기에서 구했다. 때로는 어두운 동굴에서 자신의 얼굴을 드러내지 않은 적국의 리더와 밀고 당기는 긴박한 협상도 했으며, 그 과정에서 은밀하게 이중 스파이에 대한 유혹을 받는 등 마치 영화 속 주인공 같은 경험도 했다. 그러한 삶과 사상의 결과물이 바로《군주론》에 오롯이 담긴 것이다.

세계 최강의 제국, 이탈리아 피렌체에서 활약한 고위 공직자

《군주론》이 쓰인 배경에는 14~15세기의 르네상스 시대가 자리한다. 인간의 지성에 대한 믿음이 신에 의지한 종교 중심의 오랜 가치관을 무너뜨렸고, 상업의 발전을 통해 미래에 대한 새로운 희망을 전파했다. 현재는 이탈리아로 통칭되는 그 자리에 과거 여러 도시국가들이 문명의 중심에 우뚝 섰고, 세계 최고의 부자 나라인 동시에 예술의 중심지가 되었다.

이런 빛나는 르네상스 시대를 가장 앞서서 이끌던 이탈리아 중부의 한 도시국가가 있었다. 바로 마키아벨리의 조국, 피렌체였다. 지금도 흔히 쓰이는 '서양 문명'이라는 말의 발상지이기도 하다.

어린 시절부터 마키아벨리는 조국 피렌체가 얼마나 강하고 위대했는지, 얼마나 아름다운 문화 예술을 꽃피웠는지 배우면서 자랐다. 당시 이탈리아의 많은 작가들은 다른 지역이 아닌 피렌체 방언을 이탈리아의 공식적인 문학 언어로 채택했을 정도다. 이런 곳에서 고위 공직자를 역임했으니 마키아벨리가 걸어온 길은 단순히 한 국가의 엘리트 코스가 아닌, 인류 문명과 지성의 최정점이 만들어낸 엘리트 코스라 해도 무리가 없다.

당시 이탈리아의 많은 작가들은 다른 지역이 아닌 피렌체 방언을 이탈리아의 공식적인 문학 언어로 채택했을 정도다. 이런 곳에서 고위 공직자를 역임했으니 마키아벨리가 걸어온 길은 단순히 한 국가의 엘리트 코스가 아닌, 인류 문명과 지성의 최정점이 만들어낸 엘리트 코스라 해도 무리가 없다.

폭풍의 한가운데서 탄생한
운명의 서

이처럼 문화적으로는 융성했지만, 마키아벨리가 활발하게 공직 생활을 했던 당시의 피렌체는 정치적으로 매우 혼란했다. 이탈리아 반도 전체가 로마교황국, 나폴리, 베네치아, 밀라노, 피렌체 공화국으로 분열되어 다투고 있었다. 여기에 주변의 강국인 프랑스, 스페인, 당시 유럽을 지배하던 신성로마제국까지 호시탐탐 피렌체를 노렸다.

게다가 내부의 정치 상황도 급변하고 있었다. 애초 정권을 쥐고 있던 메디치 가문과 급진적 공화파가 계속해서 격돌하고 있었으며 번갈아 가며 권력을 잡았다.

마키아벨리 역시 이러한 혼란의 태풍 속에서 결국 운명의 변화를 맞이할 수밖에 없었다. 스페인 군대가 피렌체 방위군을 전멸시키면서 피렌체를 점령했고, 메디치 가문이 권력을 다시 장악하면서 마키아벨리는 하루아침에 해임되고 모든 것을 잃었다. 그의 고통은 여기서 끝나지 않았다. 억울한 반역 혐의까지 뒤집어쓰고 감옥에 갇혀 고문을 당해야 했다.

그 후 겨우 목숨을 건진 그는 석방된 후 너덜너덜해진 몸을 이끌고 시골에 은둔하며 살아갔다. 그때 마키아벨리의 가슴을 채웠던 것은 좌절감이나 허무함이 아닌 간절함이었다. 새롭게 태어날 조국의 미래에 대한 상상, 그리고 다시 도약하고 싶은 자신의 인생에 대한 희망, 이러한 간절함을 안고 그는《군주론》을 쓰기 시작했다.

그 책이 목표하는 주제는 선명했다. 군주가 권력을 쟁취하고 오래도록 유지하기 위해 반드시 갖춰야 할 덕목은 무엇이고, 꼭 피해야 할 것은 무엇인지, 아울러 가혹한 운명을 돌파하는 전략은 무엇인지를 정리해 나갔다.

다만 마키아벨리가 상정한 독자는 불특정 다수가 아니었다. 피렌체가 점령당한 후 메디치 가문으로부터 파견된 신생 군주인 로렌초 2세였다. 사십대 중반의 노련한 전략가 마키아벨리는 아들뻘 되는 스물한 살의 신생 군주 로렌초 2세를 위해 자신의 경험과 안목을 집대성했다. 그런 점에서《군주론》은 모든 것을 잃고 다시 가난해진 한 엘리트 실업자가 메디치 가문의 새로운 실세에게 보낸 재등용을 위한 자기소개서이자, 자신의 안목을 펼쳐 보이며 새롭게 희망을 제시한 '권력 안정 프로젝트'이기도 했다.

신이 아닌 인간이 가진 힘으로
운명에 맞서 싸우는 이들을 위하여

지금의 한국 사회를 살아가는 이들, 특히 젊은 세대와 무언가 새로운 출발 앞에 선 이들에게 《군주론》을 권하는 이유 역시 매우 간절하다. 우선 당시 메디치 가문의 신생 군주이던 로렌초 2세의 상황과 오늘을 살아가는 우리들의 처지는 꽤나 비슷하다. 로렌초 2세는 권력이라는 신세계 앞에서 햇병아리이자 초심자에 불과했다. 거기다가 무시무시한 주변의 경쟁 국가가 매섭게 쳐다보고 있었으며, 이미 기득권을 장악하고 있던 교황과 귀족들이 어린 군주 따위야 언제든 좌지우지할 수도 있었다. 자신에 대한 지지 세력도 미미하고 권력을 능숙하게 다뤄본 경험도 없던 신생 군주의 마음은 잔뜩 움츠러들 수밖에 없었다. 그나마 타국의 용병들을 부릴 수 있었지만, 그들은 언제든 칼끝을 거꾸로 향하게 할 수 있는 위험성도 있었다.

어떻게 보면 이 세상에서 확고한 배경과 기반 없이 고군분투하는 우리들과 비슷한 입장이다. 이미 앞서간 경쟁자들이 수두룩하고, 성공한 선배와 상사들은 자신의 기득권을 그리 쉽게 내어줄 태세가 아니다. 주변의 기대와 관심도 부담일 수밖에 없고, 미래에 대한 비전과 희망도 막막한 상태이다.

마키아벨리의 《군주론》이 권력의 세계로 나아가는 신생 군주 로렌초 2세를 위한 책이었다면, 지금의 이 책은 미래에 대한 희망을 꿈꾸며 출발선에 선 모두를 위한 책이다. 정치와 군사 전략서로 분류되는 《군주론》의 표면적인 내용을 한 꺼풀 들추어 보면, 사실 그 안에는 팍팍하고 냉담한 현실을 살아가는 사람들을 위한 조언과 권고가 가득하다. 원하지도 않았고, 예상하지도 못했던 환경과 운명 속에서 자신의 역량을 강화하고, 그 한계를 극복하고자 하는 사람들에게는 최적화된 지침서이기도 하다.

마키아벨리는 고루한 기성세대나 꼰대가 가질 법한 낡고 구시대적인 관점에 머물지 않았다. 인간의 본성에 대한 냉정한 직시, 시민들이 가지고 있는 변덕과 얄팍한 심리에 대한 날카로운 시선을 유지했으며, 누군가에 대한 순진한 믿음이 배제된 상태에서 무엇이 가장 용맹하고 강한 전략인지를 탐구해 나갔다.

무엇보다 마키아벨리는 우리가 고립과 외로움을 떨쳐내고 용기를 내어 각성하라고 조언한다. 중요한 점은 그의 이러한 조언이 그가 가장 힘들었을 시기에 이뤄졌다는 것이다. 파직과 혹독한 고문 뒤에 시골로 내려갔을 당시 그를 지배했던 정서는 아마도 인생의 무상함과 허망함이 아니었을까. 그럼에도 불구하고 그는 긍정과 희망의 마음을 담아 친구에게 이런 편지를 보냈다.

> 그러므로 나의 친구여, 즐겁게 지내게나.
> 두려워하지 말고 운명과 당당히 맞서며,
> 하늘의 운행과 시간의 흐름, 인간의 상황이
> 자네 앞에 어떤 것을 펼쳐놓으면,
> 무엇이든 주저하지 말고 그것과 힘껏 싸우게나.

고통을 겪어본 자가 말하는 고통과 대면하는 법, 회피와 부정이 아닌, 수용과 인정 속에서 그것들과 힘껏 싸우라는 그의 말은 지금도 우리에게 큰 울림으로 다가온다.

강자가 되기 위한
약자의 전략

마키아벨리가 《군주론》을 집필할 즈음, 그는 당시보다 1,500여 년 전에 집필되었던 고전 역사서 《연대기Annales》에 관심을 가졌다. 이 역사서에는 주로 네로Nero 황제의 활약과 사망까지의 내용이 기록되어 있다. 저자인 타키투스Tacitus는 자신이 과거의 역사를 '분노도 없이, 애정도 없이 전할 것이다'라고 천명했다. 한마디로 감정 빼고, 편견 빼고, 애정도 마다한 채, 무심한 관찰자로서 역사를 기술하겠다는 의미였다.

마키아벨리 역시 《군주론》을 집필할 때 이러한 태도를 적극적으로 견지했다. 그의 경제적 처지는 매우 곤궁했고 정신적으로도 피폐했기에 감정적으로 흔들릴 여지도 많았다. 하지만 격정적인 언어를 최대한 배제하고 편향적인 애정도 자제하기 위해 노력했다. 그리고 그는 철저하게 무심하고 객관적인 시선으로 시대를 읽어나가고 과거의 군주들을 회상하면서 '강자가 되기 위한 약자의 전략'을 찾아 나섰다.

우리는 현재의 처지나 미래를 떠올릴 때 과도한 애정과 희망 혹은 절망으로 감정적으로 흔들릴 때가 적지 않다. 마음이 애달파 조급해지기도 하고, 내 마음 같지 않은 주변 사람들 때문에 화가 나기도 한다. 도저히 이해하기 힘든 사회 현상에 대한 심한 분노에 사로잡히기도 한다.

그러나 이 책을 읽는 동안만큼은 '분노도 없이, 애정도 없이' 꼿꼿하게 걸어가 보자. 그렇게 마키아벨리가 개척해놓은 길을 따라가다 보면 '인간과 사회를 가장 냉정하게 바라보고 그 안에서 최대한 합리적인 방법을 도출해낸 뛰어난 전략가'의 조언을 읽어낼 수 있을 것이다. 그리고 그것을 현실에 적용해 자신을 조금씩 전진시켜 나갈 때 비로소 과거와는 다른 새로운 길이 열릴 것이다.

| 차례 |

PART 1

상식의 뒤편에서 찾아낸 삶의 새로운 무기
: 전통과 상식과 금기에 도전하라

'인간의 힘으로는 어쩔 도리가 없는 운명' vs.
'자기 자신의 역량으로 고군분투하는 개인'
이 대결에서 이기려면 지금까지와는 다른 무기가 필요하다.
선과 악, 행복과 고통, 자비와 인색함, 신중함과 대담함....
이분법과 기존의 상식에서 벗어나 실체적 진실에 눈뜰 때
더욱 다양한 무기를 손에 쥘 것이다.

PART 2

사람의 행동을 끌어내는 마음의 작동법
: 본성과 심리를 자유자재로 활용하라

군주론은 권력자를 위한 지침서인 동시에 약자가 강자에게

조종 당하거나 속지 않기 위한 귀중한 가이드이기도 하다.

그래서 마키아벨리는 끊임없이 불편한 진실을 드러낸다.

인간의 본성은 결코 선하지 않다는 전제,

시민들의 변덕과 이기심에 대한 날카로운 시선,

순진한 믿음을 배제한 채 무엇이 유리한지를 탐구하는 전략 등.

결국 군주론은 '사람의 마음을 어떻게 움직일 것인가'에 관한 책이다.

PART 3

내 운명과의 싸움에서 단 1%만 이길 수 있다면
: 운명의 여신을 내 편으로 만드는 법

기왕 싸울 거라면 압도적인 승리를 거두는 편이 꽤나 멋있어 보인다.

하지만 현실에서 일어나는 대부분의 일들은 그렇게 극적이지 않다.

상황이나 잘잘못은 미묘하고, 기량과 판세는 기껏해야 한 끗 차이다.

따라서 우리가 목표로 해야 하는 것은 딱 1%를 이기는 일이다.

막상막하의 싸움에서 운명의 여신을 내 편으로 만드는 열쇠는 무엇일까.

PART 4

성공은 수직 상승이 아니라 수평 확장이다
: 나를 성공시키는 것은 나를 둘러싼 '구조'이다

'이겨 놓고 싸우라'는 말이 있다.

싸우기 전에 미리 승리할 수 있는 제반 환경을 만들라는 것.

당신에게 정보를 제공하고, 호감을 표현하고,

지지를 보내는 사람들과 네트워크를 만들어라.

세상을 원망하며 등지지 말고, 그 세상 한가운데서 환경과 사람을

적극 활용하는 방법을 연구하는 편이 훨씬 이롭다.

상식의 뒤편에서 찾아낸

삶의 새로운 무기

: 전통과 상식과 금기에 도전하라

_____ 마키아벨리의 냉정한 시선이 출발하는 곳은 날것 그대로의 세상과 본능에 충실한 민낯의 인간이다. 거기에는 도덕과 윤리, 낭만과 품격이 들어설 자리는 그리 많아 보이지 않는다. 우리에게 익숙한 세계가 아니기 때문에 비상식적으로 보일 수도 있다.

다만 그 '비상식'이란, 비논리적이고 비합리적인 것을 의미하지는 않는다. 이제껏 경험하지 않았던 좀 더 공격적이고 과감한, 그래서 새로운 사고방식을 말한다. 심지어 '왠지 그런 나쁜 생각을 해서는 안 될 것 같은' 일상적 금기에 도전하는 것일 수도 있다.

모든 새롭고 신선한 생각들은 한때 저항에 부딪혔고, 거부감을 불러일으켰으며, 심지어 사람들에게 불쾌감을 안기기도 했다. 그러나 이 공격적이고 과감한 사고들은 기존에 통용되던 상식이 무심코 건너뛰었던 논리의 빈틈을 메워주고, 한쪽으로 치우친 생각의 각도를 다시 조정해볼 수 있는 기회를 제공한다.

마키아벨리는 늘 상식의 뒤편에서 삶을 승리로 이끌어갈 새로운 무기를 찾아내려고 했다. 이제까지 상식의 무기로 싸워오면서 늘 힘이 부치고 승률이 떨어졌다면, 이제 한번쯤 다른 무기를 쥐어 보자. 그래야 이제까지와는 다른 싸움을 할 수 있지 않겠는가?

1
겁을 상실한 인간이
해낼 수 있는 위대한 일들

"나는 신중한 것보다는 대담한 것이 더 좋다고 분명히 생각한다.

왜냐하면 운명은 여성이고, 만약 당신이 그 여성을

손아귀에 넣고 싶어 한다면, 그녀를 거칠게 다루는 것이

필요하기 때문이다. 그리고 그녀가 냉정하고 계산적인

사람보다는 대담하게 행동하는 사람에게

더욱 매력을 느낀다는 것은 명백하다."

- 《군주론》 제25장 -

《군주론》은 총 26장으로 구성된 그리 길지 않은 책이며, 그 전개 방식은 흔히 알고 있는 기-승-전-결에 충실하다. 따라서 마키아벨리가 가장 하고 싶었던 말과 가장 내세우고 싶은 메시지는 막판에 담겨 있을 가능성이 크다. 그래서 우리가 가장 주목해야 할 부분은 25장과 26장 즈음이다. 여기에서 놓치면 안 될 가장 중요한 교훈을 한 문장으로 표현하면 바로 이것이다. '겁을 상실하라. 그러면 위대한 일들을 해낼 수 있다.'

보통 겁을 상실한다는 표현은 긍정적인 의미로 쓰이지 않는다. 겁이나 두려움이 우리에게 끼치는 유용함을 생각하면 더욱 그렇다. 두려움은 우리를 각성하게 하여 위험에 빠지는 것을 막아주고, 선을 넘지 않도록 안전한 펜스를 만들어준다. 이런 점에서 '겁을 상실하라'는 마키아벨리의 조언은 일면 비상식적으로 느껴지고 왠지 심상치가 않다. 대체 겁을 잃어서 좋을 게 무엇일까? 또, 어느 정도로 용감하고 대담해지라는 말일까?

잠시 의문을 접어두고, '겁 없이' 운명에 맞서는 인간의 태도와 기개를 언급한 마키아벨리의 이야기를 들어 보자.

포르투나와 비르투가 싸우는 세상

《군주론》을 일관되게 지배하는 하나의 세계관이 있다. 그것은 바로 '인간의 힘으로는 어쩔 도리가 없는 운명'과 '자기 자신의 역량으로 고군분투하는 개인'의 대결이다. 당시의 언어로 운명은 '포르투나Fortuna', 개인의 역량은 '비르투Virtu'라고 불린다. 즉, 포르투나와 비르투가 불꽃 튀기며 싸우는 곳이 이 세상이고, 여기에서 승리하는 자가 진정한 승자가 될 수 있다는 이야기다. 다만 그 싸움의 기세가 워낙 비등비등하기 때문에 어느 한쪽이 우위를 점하고 있다고 보기는 힘들다. 때로는 도도한 운명이 개인의 역량을 완전히 집어 삼키기도 하고, 반대로 개인의 역량이 운명을 거꾸러뜨리기도 하기 때문이다.

이러한 막상막하의 싸움 앞에서 사람들의 태도는 흔히 두 가지로 나뉜다. 하나는 신중하게 접근하는 것, 또 하나는 겁이 없이 과감하고 대담하게 도전하는 것이다. 그런데 마키아벨리는 대담함 쪽에 무게를 싣는다. 특히 그는 교황 율리우스 2세Pope Julius Ⅱ를 '모든 일을 항상 과감하고 대담하게 처리한 인물'로 묘사하면서 추켜세운다. 마키아벨리는 '허를 찌르는 공격', '과감한 전쟁', '특유의 기개', '신속한 진격' 등 율리우스 2세 특유의 행동 양식을 거론하며 그가 늘 포르투나를 제압했던 인물로 평가하고 있다. 그런 후 마키아벨리는《군주론》에서 가장 유명하고 인상적인 다음과 같은 결론을 내린다.

> "나는 신중한 것보다는 대담한 것이 더 좋다고 분명히 생각한다. 왜냐하면 운명은 여성이고, 만약 당신이 그 여성을 손아귀에 넣고 싶어 한다면, 그녀를 거칠게 다루는 것이 필요하기 때문이다. 그리고 그녀가 냉정하고 계산적인 사람보다는 과감성 있게 행동하는 사람에게 더욱 매력을 느낀다는 것은 명백하다. 운명은 여성이므로 그녀는 항상 청년들에게 이끌린다. 왜냐하면 청년들은 덜 신중하고 더 공격적이며, 그녀를 더욱 대담하게 다루고 제어하기 때문이다."

오늘날 이 문구는 꽤나 문제적인 발언으로 읽힐 소지가 다분하다. 누군가는 마초적이라고 문제 삼았고 심지어 성도착적 성향이 엿보인다고 평하기도 했다. 하지만 이는 완전히 빗나간 해석이라고 봐야 한다. 운명을 여성에 비유하는 것은 고대 그리스 시대로 거슬러 올라가고, 포르투나는 이후 많은 문헌에서 언제나 여성의 모습으로 그려져 왔다. 거기다가 그 운명의 여신은 너무도 거칠고 압도적인 힘을 가지고 있어서, 한 개인이 그에 대항하기는 상당히 역부족이었다. 따라서 여기에서는 남성이냐 여성이냐 하는 성적 정체성은 거의 의미가 없다고 봐야 한다. 우리가 주목해야 하는 것은 그토록 거칠고 압도적인 운명의 여신인 포르투나를 다루기 위해서는 마치 교황 율리우스 2세처럼 대담하고 과감한 전략으로 무장해야 한다는 점이다.

동태적 역량과 대담성

지금으로부터 20여 년 전, 미국 캘리포니아대학교 버클리의 경영대학원 데이비드 티스David J. Teece 교수는 '동태적 역량 Dynamic Capability'이라는 매우 특별한 개념을 발표해 전 세계 경영학계의 주목을 끈 바 있다. 이 관점은 변화의 속도와 범위가 커진 오늘날 더욱 커다란 영향을 끼치며 많은 기업에서 활용되고 있다.

티스 교수가 전문적으로 연구했던 분야는 '무한 경쟁에 놓인 기업의 경쟁력을 높이는 요인은 무엇인가?'라는 점이었다. 그리고 결론은 바로 '동태적 역량을 갖춘 기업만이 살아남는다'는 것이다. 끊임없이 변화하는 환경에 맞춰 기업의 내부 자원뿐 아니라 외부의 자원까지 끌어들여 지속적으로 통합하고 재편할 수 있는 능력이 바로 동태적 역량이다.

오늘날 기업은 상시적인 비상 경영체제에 돌입하고 세상의 변화에 주목하면서 언제든 빠르게 변할 수 있는 태세를 갖춰야 한다. 바로 이것이 동태적 역량의 핵심이다. 그런데 이 역량을 기르는 데 있어서 가장 필요한 것이 바로 '대담성'이다.[1]

실패를 두려워하기보다 대담하게 실행하고, 설사 실패하더라도 끝내 개선 방안을 찾아내어 또다시 부딪히고 시도하는 것, 그럼으로써 늘 경쟁자보다 한발 앞서나갈 수 있는 힘이 바로 대담성이다. 애플이나 구글, 테슬라처럼 시대의 획을 그은 기업들은 모두 '미쳤다'고 할 정도로 대담한 길을 걸어왔다.

이는 개인의 삶에도 그대로 적용된다. 소위 '겁을 상실한 상태'가 되지 않으면 사람은 변화와 도전 앞에서 망설일 수밖에 없다. 어제 같은 오늘과, 뻔히 예상되는 내일을 반복하는 사람은 대담하지 못한 채 안주의 함정에 빠져 있는 것인지도 모른다. 그 길 끝에서 만나는 것은 기업의 경우 상장폐지나 폐업이고, 개인의 경우 더 이상 비상해볼 가능성조차 잃어버린 잠재적 실패의 상태일 가능성이 크다.

탁월한 전략가, 클라우제비츠가 말하는 '정신적 교전'

대담성을 매우 중요하게 생각했던 또 하나의 인물은 바로 나폴레옹 시대의 탁월한 전략가이자 군사 이론서의 영원한 고전으로 통하는 《전쟁론》을 집필한 카를 폰 클라우제비츠Carl von Clausewitz이다. 그의 책은 지금도 전 세계 사관학교와 경영대학원 전략 강의의 필독서이자 아이젠하워, 헨리 키신저와 같은 정치인은 물론이고 나치의 수괴인 히틀러, 공산주의를 창시한 마르크스까지 아우르면서 큰 영감을 주었다.

그는 《전쟁론》에서 대담성에 관해 이렇게 찬미하고 있다.

"최고의 대담성이 최고의 지혜가 되는 경우가 있다."
"우수한 지적 능력으로 자신의 대담함을 다스리는 것이 영웅의 특징이다."

"용기가 전사의 첫 번째 자질이다."

"재빠르게 움직이다 실수하는 게 때를 놓치도록 머뭇거리
는 것보다 낫다."

무엇보다 그는 전쟁터에서 군인들의 승리를 '정신적 교전의
결과물'이라고 말했다. 현장에서의 총과 대포, 칼이 승부를 결
정짓는 게 아니라, 누가 더 겁이 없이 대담하게 교전에 임하느
냐가 승패를 좌우한다는 이야기다. 군사력보다 정신력을 더 강
조한 것이다.

경영 활동과 전투, 그리고 개인의 인생은 그 전개 과정이 매
우 흡사하다. 역량을 키우고, 문제를 해결하고, 자신의 영향력
을 확대하며, 특별한 성과를 가져오는 활동이기 때문이다. 마
키아벨리, 데이비드 티스, 클라우제비츠가 한결같이 '대담성'을
논하는 것은 그것이 지닌 충분한 화력을 깨달았기 때문이다.

그런데 어떤 상황에서도 대담하기가 말처럼 쉽지만은 않다.
이럴 때 도움 되는 전략이 바로 '지금 이 순간을 즐기는' 마인
드다. 가끔 TV의 음악 오디션 프로그램에서 좋은 결과를 낸 도
전자들이 이런 말을 하곤 한다. "그냥 노래 부르는 그 순간을

즐겼습니다.", "그 순간을 즐기다 보니 자연스럽게 긴장하지 않게 됐어요."

이런 말도 한번쯤 들어봤을 것이다. "천재는 노력하는 사람을 이길 수 없고, 노력하는 사람은 즐기는 사람을 이길 수 없다."

그냥 뭐든지 놀듯이 신나게 하면 다 잘하게 되는 걸까? 사실 '지금 이 순간을 즐기라'는 말은 매우 과학적인 원리를 담고 있으며, 바로 여기에 '겁을 상실하고 대담해지는 것'에 대한 비밀이 담겨 있다. '인간 욕구 5단계 이론'을 주장한 심리학자 에이브라햄 매슬로Abraham H. Maslow는 인간의 창조성에 대해서도 깊이 있는 연구를 해왔다. 그는 하이테크 기업에 근무하는 직원들의 행동과 의사 결정 과정을 지켜보면서 이런 기록을 남겼다.

"미래를 잊고 현재에 모든 관심을 쏟을 수 있는가에 따라 지금 당장의 창조성 발휘 여부가 결정된다. 창조적인 사람은 미래를 생각하지 않고 예측성도 내던져 버리고 현재에만 완전히 몰입하여 즐긴다. 그러므로 그들은 융통성을 발휘해 변화하는 상황과 시시각각 생겨나는 문제들의 요구 사항에 자신을 맞출 줄 안다."[2]

핵심은 전후좌우 따지지 않는 '지금 이 순간'이다. 현재에 몰입하는 순간, 미래가 사라지고 예측성도 없어진다. 이 말은 앞으로 일어날 일에 대한 겁이 사라지고 창조성까지 몽글몽글 피어난다는 이야기다. 거기에 융통성까지 발휘되어 더 능동적인 사람이 된다고 하니, 문제 해결 능력까지 강화될 것이다. 결론적으로 '지금 이 순간을 즐기는 것 → 겁의 상실(대담성) → 창의성의 발현 → 문제 해결 능력 강화'라는 맥락이 완성된다.

보통 우리는 미래를 철저하게 대비하고, 앞으로 일어날 일에 대한 걱정을 사라지게 함으로써 지금 이 순간을 즐길 수 있는 여유를 마련하고 싶어 한다. 하지만 정반대이다. 지금 이 순간에 집중해야 걱정이 사라지고 미래를 대비할 수 있게 되는 것이다.

진정한 의미의 '소소하고 확실한 행복'은 오늘 해결해야 할 문제를 집어던져 버리고 달콤한 여유를 즐기는 것이 아니라, 오늘의 문제를 움켜잡고 그 순간을 즐길 수 있을 때 비로소 달성될 수 있다.

그러면 구체적으로 무엇을, 어떻게 시작해야 할까? 바로 이 지점에서 앞서 살펴본 클라우제비츠의 명언이 의미 있게 다가온다.

"계획이 간결해야 실행이 활기차다.

간단한 아이디어를 강한 결의로 이행하는 것이
성공에 이르는 가장 확실한 길이다."

신중함은 일면 바람직한 태도로 여겨지지만, 한편으로는 필요 이상으로 복잡하고 무겁다는 특징을 가지고 있다. 하나에서부터 열까지 일일이 따지고 자로 재다 보면 실행의 발걸음이 좀처럼 떨어지지 않고, 설사 강한 의지로 실행을 한다고 해도 활기차지가 못하다. 막말로 나라를 구하는 일도 아닌데 그리 무겁게 생각할 필요가 있을까.

오늘 하루에 반드시 이뤄낼 단순한 계획을 세워 보자. 나쁜 습관 바꾸기나 개인적인 생각의 정리도 좋고, 인간관계나 일의 스킬과 관련한 실행도 좋다. 무엇이든 해결할 수 있는 딱 하나를 정해서 하루의 온 힘을 다해 활기차고 확실하게 타격해 보자.

단도직입單刀直入이라는 고사성어에 대한 유래는 우리에게 힘을 더해준다. 여기에는 주인공 승정이 만들어내는 마치 애니메이션의 한 장면 같은 짧지만 강렬한 이야기가 등장한다.

"승정이 군사 모집에 응해서 나가 싸웠다.
하나의 칼을 거머쥐고, 똑바로 적진을 향해 나아갔다.

이에 위나라 군사가 패하여 도망쳤다."

다소 과장된 묘사일 수도 있겠지만, 승정의 기세에 주목해 보자. 혈혈단신, 손에 들린 것이라고는 단 하나의 칼자루. 그리고 겁을 상실한 채 뚜벅뚜벅 걸어가는 그 모습은 가히 공포스럽기까지 하다. "쟤는 도대체 뭐지?"라는 말이 나올 법하다. 도대체 어떤 사람이길래 군대 전체를 향해서 홀로 칼 한 자루를 들고 다가오는 것일까. 공포감이 삽시간에 퍼지면서 군사들이 뒷걸음칠 만하다.

우리도 이제 공포스러운 녀석이 되어 보자. 일단 그 마음가짐만으로도 그간 자신을 괴롭히던 수많은 마음의 적들이 뒷걸음을 칠 것이다. 욕심을 낼 필요도 없다. 어차피 하루에 하나씩 간결하고 활기차게 죽여 나갈 내 마음의 적들이기에, 결국 승리는 나의 편일 수밖에 없다. 하루하루 이렇게 살아가다 보면 어느 순간 새로운 무기에 걸맞은 튼튼하고 멋진 갑옷과 풍성한 전리품이 생길 것이다. 그때 비로소 나를 쥐고 흔들던 포르투나의 압박에서도 훌쩍 자유로워지리라.

2
선해지기 위해
악해져야 한다

✝

"모든 것을 신중하게 고려할 때,

일견 미덕^{virtue}이 자신의 파멸을 초래하는 반면,

일견 악덕^{vice}으로 보이는 일을 하는 것이 결과적으로

자신의 안전을 확보하고 번영을 가져오는 경우가 있다."

- 《군주론》 제15장 -

이분법은 매우 빠르고 효율적인 인식의 틀이다. 명확하게 경계 짓고 단순하게 구분함으로써 판단과 행동의 기준을 세울 수 있기 때문이다. 동시에 고민하는 시간과 애매한 상태가 가져다주는 피로감도 상당 부분 줄여준다. '좋은 사람, 나쁜 사람'으로 빠르게 구분하지 않고 '좋으면서 나쁜 사람', '나쁘면서 좋은 사람'이라고 인식하게 되면 계속해서 상대를 판단해야 하고 그러면 체력적, 심리적으로 에너지가 많이 쓰일 수밖에 없다. 이분법은 이러한 애매함까지 빠르게 사라지게 만드는 효과를 가져온다.

그러나 문제는 이렇게 단순하고 손쉽게 판단해 버리는 동안에 주변의 다른 가치들이 희생당한다는 점이다. 예를 들어, A

혹은 A라는 집단은 선하다고 단정짓고 나면 그때부터는 A의 모든 것이 다 좋고 또한 옳다고 생각된다. 그뿐인가. 악하다고 단정지은 B 혹은 B라는 집단이 하는 모든 말과 행동은 다 나쁘고 잘못된 것이라고 생각된다. 하지만 모든 것이 다 좋기만 한 사람이란 없듯이, 전적으로 나쁜 사람도 존재하지 않는다.

'선과 악'처럼 언뜻 이론의 여지가 없어 보이는 개념도 특수한 상황과 처지에서는 다른 판단을 필요로 할 수 있다. 빵 한 조각을 훔치는 절도 행위가 소설 《레미제라블》 안에서는 단순히 비도덕적인 행위라고 딱 잘라 말하기 어려운 다양한 생각할 거리를 제공한다. 또, 예컨대 어른에게는 존댓말을 해야 한다는 윤리 개념이 국경만 넘어가도 전혀 당연한 것이 아니게 된다.

총을 겨누는 악한 행위도 전쟁의 한복판에서는 얘기가 달라진다. 제2차 세계대전 당시 유럽과 태평양 전선에서 실제로 무기를 사용해서 적군을 향해 총을 쏜 사람은 15~25퍼센트에 불과했으며 나머지는 그저 총을 쏘는 척만 했을 뿐이다. 또, 전쟁 이후 태평양 전쟁에 직접 참여했던 미국 병사들은 자신들의 방어선이 뚫릴 뻔했음에도 불과하고 상당수가 총을 쏘지 않았다고 고백하기도 했다.[3]

이들은 모두 조국을 지키고자 했던 애국자였고, 당연히 적군을 죽이는 것이 자신들의 국민과 가족을 위한 선행이었다. 하지만 그들은 적을 죽이는 행위를 개인적으로는 '악행'으로 받아들였던 것이다. 이렇듯 선과 악은 상황에 따라서 또 다른 가치를 희생시키거나, 경우에 따라서는 선으로서 전혀 인정받지 못하기도 한다.

마키아벨리는 바로 이러한 문제에 대해 상당히 많은 고민을 했던 인물이다. 좋은 군주, 나쁜 군주를 단순히 이분법적으로 구분하는 것을 경계하고, 그가 '변덕스럽고 위선적'인 존재라고 정의한 인간들을 대할 때 군주는 어떠해야 하는지, 다양한 맥락이 존재하는 현실 속에서 생각하고 판단하려고 노력했다.

바로 이 지점에서 마키아벨리는 많은 오해를 샀다. 권력의 확장을 위해서 수단과 방법을 가리지 않는다는 평가를 받았던 것이다. 하지만 엄밀하게 말하면, 그는 수단과 방법을 가리지 않은 것이 아니라 여러 가지 방법 중 전통적인 사고나 관행 등에 가려져 있는 숨겨진 기회와 전략을 모두 찾아내어 활용하려고 했을 뿐이다. 그런데 '이분법'의 잣대로만 그를 평가하니, 비상식적이고 비도덕적인 인물로 비쳤던 것이다.

숨어 있는 또 다른 힘을
활용하기 위해

진화의 역사에서 인간이 이분법에 익숙해진 것은 충분히 그럴 만한 이유가 있었다. 원시 시대의 인간은 매우 빠르게 자신의 생명이 위협받는 상황인지, 아니면 안전한 상황인지를 판단해야 했다. 숲속에서 주변의 나뭇잎이 바스락거리는 소리만으로도 맹수의 출현을 판단해야 했다. 이때 중간 지대의 애매모호함은 의미가 없다. 맹수면 도망가야 하고, 함께 사냥을 나선 친구의 움직임이라면 더 용기를 가지고 사냥에 임해야 했다. 여기에다 인체의 에너지 사용량을 최대한 줄여야 하는 뇌의 입장에서는 주어진 현상을 일단 빠르게 판단해야 했고, 이때 이분법은 매우 효과적인 수단이었다.

문제는 이러한 이분법에 의한 판단이 가치의 영역으로 진입했을 때이다. 사실 가치의 세계란 그 스펙트럼이 매우 다양해서 그것을 단칼에 잘라 이해하는 것은 불합리할 때가 많다. 게다가 가치는 절대적인 개념으로 존재하기보다 상황과 맥락에 따라 상대적인 판단을 필요로 하는 경우가 훨씬 많다. 마키아벨리는 '관대함'과 '인색함'이라는 상반돼 보이는 가치와 관련된 사례를 통해 이분법이 무언가 중요한 진실을 감추고 있다는 사실을 지적한다.

"관대하다고 여겨지는 것이 바람직하기는 하지만, 당신이 정말로 관대하다는 평판을 얻을 정도로 행동한다면 당신에게 해가 된다고 주장하겠다. (…) 관대하다는 평판을 얻으려고 한다면 사치스럽고 화려하게 재물을 써야만 한다. 하지만 군주는 그렇게 함으로써 불가피하게 자신의 모든 자원을 호화로운 자기 과시를 위해서 소모하게 된다. 그리고 그가 계속해서 그런 평판을 원하면 그는 궁극적으로 탐욕적이게 되고, 시민들에게 아주 무거운 세금을 부과하게 되며, 가능한 모든 수단을 동원해 시민들을 수탈하지 않을 수 없다. (…) (반대로) 비록 평소에 인색했을지라도, 전쟁을 수행해 어떤 적을 방어할 때 시민들에게 별도의 특별세를 교부하지 않는다면, 사람들은 궁극적으로 이런 군주가 더 관대하다고 생각할 것이다. 왜냐하면 그 군주는 시민들의 재산을 건드리지 않았기 때문이다."

이분법적 가치 판단에 따르면 관대함은 좋은 것이고, 인색한 것은 나쁜 것으로 인식된다. 그런데 한 걸음 더 안으로 들어가 보면 거기에는 뜻밖의 이면들이 존재한다. 관대함이라는 긍정적으로 보이는 가치에는 '자기과시 – 낭비 – 수탈'이라는 부정적인 면들이 존재하고, 부정적으로 보였던 인색함의 뒤편에는 '절약 – 특별세 없음 – 오히려 관대'라는 긍정적인 면들이 존재한다.

결국 이분법이란 다양한 가치들이 희생되거나 사라져 버린 결과라고 할 수 있다. '부정적인 것'이라고 분류되면 그 안에 남아 있던 다른 모든 긍정적인 것들마저 희생되고, '긍정적인 것'이라고 분류되면 그 안에 있던 다른 모든 부정적인 것들이 희석되는 것이다. 그래서 마키아벨리는 이런 결론에 도달한다.

> **"모든 것을 신중하게 고려해 보면,**
> **일견 미덕이 자신의 파멸을 초래하는 반면,**
> **일견 악덕으로 보이는 일을 하는 것이 결과적으로**
> **자신의 안전을 확보하고 번영을 가져오는 경우가 많다."**

물론 마키아벨리가 이렇게 이야기한다고 해서 '악한 짓을 서슴없이 하라', '남에게 피해를 줘도 괜찮으니 너의 목적을 이루라'고 말하는 것이 아니라는 사실은 충분히 이해할 것이다. 그보다는 성공의 전략과 전술에 관해 생각보다 더 많은 무기가 있으니 그 무엇이든 배제하거나 방치하지 말고 활용하라는 의미이다. 적어도 마키아벨리에게 있어서 실체적 진실에 눈뜨지 못한 채 도덕만을 기준으로 삼거나 융통성 없이 이분법에 갇힌 군주는 자신과 공동체를 파멸에 이르게 할 위험한 인물이다. 그러니 추상적인 도덕 담론에 갇히지 말고 그 안에 숨어 있는 다양한 가치와 진실과 힘을 찾아내라는 것이다.

잠재력은 판을 뒤집는
힘을 가지고 있다

1950년 6·25 전쟁이 끝난 후 폐허가 된 한국을 보고 맥아더 상군은 이렇게 진단했다. "이 나라가 복구되려면 최소 100년은 걸릴 것이다."

한국의 미래를 걱정해준 것이 고맙기는 하지만, 그는 당장 눈앞에 보이는 부정적인 현실 상황에만 휩싸여 지나치게 우울한 진단을 내렸다고 볼 수 있다. '폐허'에서는 뭐든지 하기만 해도 그것은 곧 '성과'가 된다. 폐허는 그만큼 발전하기 딱 좋은 환경이라는 이야기다. 거기다가 한국인의 긍정적인 잠재력이라는 것도 감안하지 못했다. 결국 70년 만에 '복구'가 아닌 그 이상의 '발전'을 했다는 이야기는 맥아더가 보지 못했던 잠재력이 얼마나 대단한 것인지를 알게 해준다.

이렇듯 이분법에서 시작된 좋은 것 - 나쁜 것, 긍정 - 부정의 틀을 벗어나 인식을 확장해 나가면 긍정 속에서도 부정의 리스크를 찾아낼 수 있고, 부정 속에서도 긍정의 기회를 발견할 수 있다. 마키아벨리가 이분법을 무너뜨려 그 안에서 감춰진 가치와 힘을 찾아낸 것과 동일하다.

이분법에 벗어날 때
손에 쥘 수 있는 다양한 무기

캐나다의 소설가 루시 모드 몽고메리Lucy Maud Montgomery는 보이는 것을 넘어서 보이지 않는 것을 통해 새로운 가능성과 희망을 찾아내는 일에는 천재적인 소질을 보인 사람이다. 우리에게는 '빨간머리 앤'으로 알려진 그의 소설 《푸른 집의 앤Anne Of Green Gables》에는 이런 명대사들이 등장한다.

"엘리자가 말했어요. 세상은 생각대로 되지 않는다고. (…) 하지만 생각대로 되지 않는다는 건 정말 멋진 것 같아요. 생각지도 못했던 신나는 일이 일어나는 걸요."
"린드 아주머니는 아무것도 기대하지 않은 사람은 아무런 실망도 하지 않으니 다행이지, 라고 말씀하셨어요. 하지만 저는 실망하는 것보다 아무것도 기대하지 않는 게 더 나쁘다고 생각해요."

"그 실수로 제 결정이 하나씩 고쳐졌잖아요. 오늘 실수로 제 큰 결점이 하나 더 고쳐질 거예요."

사물과 현상에 덧씌어져 있는 일방적인 규정과 이분법의 껍질을 벗겨내면 그 안에서 살아 숨 쉬는 풍부한 현실이 꿈틀거리는 것을 볼 수 있다. 세상의 모든 부정적인 것은 긍정적으로 변할 수 있으며, 모든 긍정적인 것 안에서 부정적인 것을 발견할 수 있다.

물론 사람도 마찬가지다. 나쁘지만 좋은 사람과 좋지만 나쁜 사람이 뒤섞여 있다는 이야기다. 앞에서도 말했듯, 비록 생각의 에너지가 좀 더 소모될 수는 있겠지만, 그 정도로 체력이 쇠잔해질 정도는 아니다. 보이지 않는다고 무시하지 않고 결국 찾아내는 힘, 이분법에서 벗어나 더욱 다양한 가능성을 열어두는 노력으로 인해 내 인생은 또 하나의 무기를 가지게 되는 셈이다.

<The Mission Of Mercy> Jerry Barrett

마키아벨리에게 있어서 실체적 진실에 눈뜨지 못한 채
도덕만을 기준으로 삼거나 융통성 없이 이분법에 갇힌 군주는
자신과 공동체를 파멸에 이르게 할 위험한 인물이다.

3
고통이 오면 가드를 올려라,
100%의 나를 만날 시간이다

"질서가 잡힌 견고한 도시를 가지고 있으면서

시민들에게 미움을 받지 않는 군주는

어떠한 공격에도 안전하다. 그를 공격하는 자는 누구나

수치스러운 퇴각을 감수해야 할 것이다."

- 《군주론》 제10장 -

엄밀하게 따지면 행복과 고통은 완전히 분리될 수 없음에도 불구하고, 우리들은 대체로 고통을 멀리하고 행복에 가까워지고 싶은 마음이 강하다. 학창 시절 배웠던 공리주의功利主義도 바로 여기에 근거하고 있다. 제레미 벤담Jeremy Bentham과 스튜어트 밀Stuart Mill은 '최대 다수의 최대 행복'을 내세우면서 '행복은 선善이고 고통은 악惡이다'라고 규정했고, 이는 근대 시민사회의 윤리적 기준이 되었다. 어떻게 보면 지극히 합리적으로 보이는 생각이다. 고통을 선호하는 사람은 극히 드물고, 더 많은 사람이 더 많은 행복을 느끼는 것은 효율성의 면에서도 온당해 보이기 때문이다.

그러나 행복에만 매몰되어 있으면, 고통이 주는 힘과 에너지를 제대로 보기 힘들 수 있다. 또 고통이 가진 의의, 그리고 고통이 주는 신호와 기회를 때로 잘못 해석할 우려도 있다. 무엇보다 고통이 주는 당장의 아픔에만 매몰되어 있으면, 우울과 자포자기의 심정으로 상황이 더 악화될 수 있다.

관점을 달리 하면 우리가 심리적·정신적 고통이라고 느끼는 것의 대부분은 변화가 시작된다는 징후이다. 무엇인가를 할 의욕을 끌어올리고, 현재 상황을 변화시키려는 생각과 행동을 하는 과정에서 필히 생기는 것이 바로 고통이다. 그 고통에서 나락으로 떨어질 것인가, 아니면 승기를 잡을 것인가는 또 다른 문제이지만, 완벽한 무력감에 빠지지 않았다는 것만으로도 충분히 응원할 만하다.

이 말은 단순히 누군가를 위로하려는 차원이 아니다. 실제로 고통과 그것을 견뎌 나가는 프로세스 자체가 그렇게 설계되어 있다. 그래서 우리의 삶에서 더욱 의미 있는 것은 사실 행복이 아니라 고통이다. 물론 그렇다고 일부러 고통을 찾아다닐 필요는 없겠지만, 고통이 닥칠 때 그것이 자신을 어떻게 변화시킬 수 있을지에 주목하는 것, 이 관점의 전환이 우리 삶의 여정에 결정적으로 이로운 계기를 마련해줄 것이다.

희망과 밝음 뒤의
그림자를 본다는 것

SNS는 행복과 고통에 대한 우리의 생각을 착시로 몰아가는 대표적인 도구이다. 타인의 SNS에서 보여지는 그들의 일상은 오염 없이 깨끗한 행복으로 젖어 있다. 걱정도 두려움도 불안도 없는 것처럼 보이는 누군가의 일상은 우리를 행복에 대한 과몰입으로 몰고 간다. 무의식중에 나의 일상 역시 고통으로 한 치도 오염되지 않아야 하며, 군더더기 없이 깔끔한 행복을 누려야 한다고 생각할 수 있기 때문이다. 하지만 고통을 지나치게 부정적으로 진단하고 행복을 무한 긍정하는 시각은 특정한 목표를 추구하는 삶의 여정을 힘차게 걸어가지 못하게 할 우려를 낳는다.

마키아벨리의 시대에 SNS가 있었다면, 특정한 지역을 확보한 신생 군주는 새로운 성곽과 전리품, 그리고 자신과 함께 싸운 군사들을 배경으로 멋진 사진 한 장을 올렸을 것이다. 그리고 많은 사람들이 그들이 올린 사진을 부러워하며 이제 그의 앞에는 탄탄대로가 열렸음을 축하했을 수도 있다. 그런데 마키아벨리의 생각은 전혀 달랐다. 오히려 그러한 순간에야말로 신생 군주는 매우 곤란하고 위험한 상황에 처한다고 봤다.

"신생 군주는 그의 군대를 동원해 국가를 정복하는 과정에서 무수히 많은 가혹행위를 하게 된다. 또 항상 새롭게 편입된 시민들에게 피해를 줄 수밖에 없는 상황에 처하기 마련이다. 그 결과 군주는 군주국을 확장, 병합하면서 피해를 준 모든 사람들을 적으로 만들게 된다. 반면에 군주가 통치자가 되도록 지원한 사람들은 애초에 그들이 기대한 만큼 만족시킬 수 없기 때문에, 그들과의 우애도 유지할 수 없는 상황에 직면하게 된다. 그렇다고 군주는 자신에게 은혜를 베푼 지원자들에게 강력한 대응책을 쓸 수도 없는 노릇이다."

마키아벨리는 '영토의 획득 → 전리품과 성의 획득 → 행복의 시작'이라고 보지 않고, '영토의 획득 → 수많은 사람에게 피해를 준 결과 → 더 많은 적의 생성 → 고통의 시작'이라고 규정한다. 순식간에 행복이 고통으로 변해버린 것이다. 그러나 행복은 좋고 고통은 나쁜 것이라는 식의 이분법이 그에게는 없다. 그저 늘 보여지는 상황의 이면을 파악하고, 상황을 입체적으로 분석하려는 마키아벨리의 관점이 작동한 결과일 뿐이다. 그는 흔히 긍정적인 기대감이 가득한 '새로운 변화', '새로운 시도'라는 것에 대해서도 마찬가지의 시선을 유지한다.

"어떠한 변화든지 으레 새로운 변화는 화근을 초래한다."

"새로운 형태의 제도를 만드는 것보다 더 어렵고 위험하며 성공하기 힘든 일은 없다는 점을 깨달을 필요가 있다. 그 이유는 과거의 질서로부터 이익을 누리던 모든 사람들이 개혁자에게 적대적이 되는 반면, 새로운 질서로부터 이익을 누리게 될 사람들은 기껏해야 미온적인 지지자로 남아 있기 때문이다. (⋯) 따라서 개혁적인 군주는 큰 위험에 처하기 마련이다."

일반적으로 '변화', '개혁', '시작'이라는 말들은 매우 희망차게 느껴진다. 물론 꽃길만 걸어갈 수 있다고 생각하지는 않지만, 그렇다고 진흙탕이라고 여기지도 않는다. 하지만 마키아벨리의 관점을 차용한다면, 흙탕물일 가능성이 다소 크다고 봐야 한다. 사업을 시작했다는 것은 직원에게 월급을 주어야 할 날짜가 저벅저벅 다가온다는 의미이며, 회사에 입사했다면 앞으로 수많은 경쟁과 과제 앞에 서게 된다는 것을 의미한다. 모든 변화와 개혁은 고통을 수반하기 마련이고, 도전적인 사람일수록, 그래서 뭔가 새로운 꿈을 꾸는 사람들일수록 더 고통과 가까워질 수 있음을 의미한다.

마키아벨리의 이러한 역설로부터 우리는 고통에 대한 일차원적인 생각을 바꿀 수 있다. 아무것도 하지 않으면 고통이 다가올 리 없고, 새로운 것을 시작하지 않으면 역시 고통은 그 모습을 드러내지 않는다. 직원들의 월급날이 두려워 사업을 하지 않는 사람은 없고, 부딪혀야 할 과제가 무섭다고 회사 입사를 포기하는 사람도 없다. 그러니, 지금 뭔가 고통을 느끼고 심리적인 불편함이 다가온다면 이미 당신은 더 나은 단계로 변화하려는 노력을 하고 있는 중이라는 이야기다. 자신의 상황을 개선하려는 욕망과 의지가 없다면, 고통도 존재하지 않기 때문이다.

결국 고통이 시작된다는 것은, 그 결과에 상관없이 일단은 변화에 대한 강렬한 의지가 생긴 것이라고 볼 수 있다. 이것만으로도 '좋아요!'를 눌러 줄 수 있다. 우리를 망치는 최악의 상황은 변화에 대한 의지 자체도 없이 무력감에 휩싸인 상태이기 때문이다. 이 무력감이 무서운 이유는 일체의 시도와 행동 자체를 잠식해서 한 발짝도 앞으로 나아갈 수 없게 만들어 버리기 때문이다. 지금 자신에게 다가온 고통과 불안을 마냥 즐겁게 받아들이기는 어렵겠지만, 그것이 아무런 의미도 없는 고통이라고 여길 필요는 없다.

최고의 타이밍을 기다리며
버티는 것도 전략이다

'존버'라는 표현을 한번쯤 들어봤을 것이다. 비속어이긴 하지만 일상뿐 아니라 미디어에도 많이 등장하는 신조어로, 끈질기게 끝까지 버티는 모양새를 의미한다.

조금 과장해서 표현하자면, 고통과 관련하여 이 존버는 과학이자 진실이다. 고통과의 대면 그리고 장기간의 투쟁에서는 이 존버가 유일한 해결책이면서 가장 강력한 맞수가 될 수 있기 때문이다. 다만 어떤 스타일로 건디느냐가 중요하다.

마키아벨리는 신생 군주가 활용하는 '존버 스타일의 전투 방법'이 어떻게 승리로 이어지는지를 알려준다. 우선 전투에는 여러 전략이 있을 수 있는데, 적에게 미처 시간을 주지 않고 먼저 치고 나가는 선제공격도 있고, 길목에 숨어 있다가 느닷없이 타격을 입히는 매복전도 있다. 그리고 또 하나. 특정한 지역에 견고하게 의지하면서 외부의 적을 공격하는 방법도 있다. 성에 몸을 숨기는 공성전攻城戰이나 도시의 밀집된 건물 사이사이에서 싸우는 시가전市街戰이 대표적이다. 이러한 방식의 전투는 기본적으로 '견딤의 프로세스'로 진행된다. 자신의 몸을 숨기며 피해를 최소화하는 방식의 전투이기 때문이다. 마키아벨리는 매우 단호하게 이러한 버티는 스타일의 전투력을 높이 샀다.

> **"질서가 잡힌 견고한 도시를 가지고 있으면서 시민들에게**
> **미움을 받지 않는 군주는 어떠한 공격에도 안전하다.**
> **그를 공격하는 자는 누구나 수치스러운 퇴각을**
> **감수해야 할 것이다."**

현대의 전쟁에서도 이러한 방식이 효과가 있다는 것은 이미 충분히 검증되었다. '도시는 병력을 삼킨다'는 말이 있는 것만 봐도 시가전에서는 견디고 방어하는 군대가 유리할 수밖에 없다.

실제 전투뿐인가. 한 개인에게 닥친 고통과의 싸움에서도 견디는 것은 매우 탁월한 선택이다. 그 어떤 상처나 고통이든 반드시 무뎌진다는 특징이 있기 때문이다. 누구나 과거에 받았던 상처나 고통이 지금은 그때보다 훨씬 가볍게 느껴지는 경험을 한 적이 있을 것이다. 당장은 죽을 것처럼 힘들지만, 어느덧 마음의 무게가 조금씩 가벼워진다. 예를 들어 처음에는 '엄청난 고통과 재앙이 나에게 닥쳤다'라는 생각에 매우 힘들지만, 시간이 흐르면서 점차 '누구에게나 생길 수 있는 나쁜 경험'으로 인식이 변화하고, 더 나아가 자신의 고통을 한걸음 떨어져 바라볼 수 있는 여유와 멘탈을 회복하게 된다.

그런데 여기에서 중요한 것은 단지 시간이 흐르기만 기다린다고 해서 무작정 이길 수 있는 것은 아니라는 점이다. 고통에 무방비하게 가만히 있는 것은 견디는 것이 아니라 고통을 더 악화시키는 결과를 초래할 수도 있기 때문이다. 심리적인 괴로움이 계속되는 상태에서 아무것도 하지 않는다면 우울과 좌절이 더욱 깊어져서 정신적으로 더 피폐해질 수 있다.

일단 고통이 닥쳤을 때 우리가 해야 할 첫 번째 긴급조치가 있다. 그것은 바로 이 힘든 상황이 계속되거나 영원하진 않을 것이라고 자신을 설득하고 희망을 주는 일이다. 마키아벨리는 공성전을 할 때의 주의점을 이렇게 말하고 있다.

"시민들은 자기 재산이 파괴당하는 것을 보면 참을성을
잃는데다가 포위가 지속되면 이기심이 발동하여 군주에 대한
충성심이 약해진다고 반론할 수도 있다.
그러나 나는 강력하고 용기를 가진 군주는 그의 시민들에게
그러한 고난이 오래 지속되지 않으리라고 믿도록 설득하고
희망을 주고, 시끄럽게 떠들어대는 자들을 교묘하게
처리함으로써 그러한 위기를 극복할 수 있다고 믿는다."

공성전에 돌입하게 되면 일단 적들은 성 밖에 있는 국민들의

재산을 파괴하기 시작한다. 일단 그렇게 해야 성 내부에 있는 사람들의 심리를 혼란스럽게 할 수 있으며, 그로 인해 내부 분열을 꾀할 수 있기 때문이다. 따라서 마키아벨리는 피해가 시작되면 가장 먼저 국민들을 설득하고 희망을 주어야 한다고 말한다.

이러한 방법을 개인의 차원으로 바꿔본다면, 힘든 상황일수록 자신의 내면을 다스리고 현재의 고난이 오래가지 않을 것이라는 희망을 주입하며, 마침내 이 순간을 이겨내면 반드시 발전할 수 있다는 의지를 다지는 일이다.

이러한 과정은 오늘날 현대 정신의학에서 트라우마를 극복하는 초기 단계에 해당하며, 그 방법 역시 매우 유사하다. 노스캐롤라이나대학교 심리학 교수인 리처드 테데스키Richard G. Tedeschi는 이렇게 이야기한다.

"불안, 죄책감, 분노 같은 부정적인 감정을 관리하는 데에서 시작해야 한다. 그리고 부정적인 감정은 그런 감정을 일으키는 생각을 전환함으로써 관리할 수 있다. 손실, 실패, 불확실성, 최악의 시나리오에 마음을 빼앗기는 대신 성공 사례를 기억하고 최선의 경우를 고려하자. 개인이나 조직이 지닌 자원과 대비책을 따져보고 할 수 있는 일이 무엇인가를 합리적으로 생각하자."[4]

테데스키 교수는 어느 CEO의 사례를 들었다. 한 식당 체인의 창업자는 이사회에서 해고를 당했으며, 당연히 분노에 휩싸였다. 다른 사람도 아닌, 창업자 자신이 내쫓김을 당하는 것은 정말로 어이없고 화가 날 일이었다. 하지만 그는 아버지가 했던 '그 조치를 너에 대한 격려로 받아들여라'라는 한마디로 서서히 마음을 바꾸기 시작했다. 분노와 배신감에 매몰되는 대신, 매우 침착하게 자신이 회사에 어떤 도움이 될 수 있는지를 고민하기 시작했다. 그리고 그것을 실천함으로써 결국 다시 경영자로 복귀할 수 있었다.

이러한 방법은 한편으로는 '때를 기다리는 지혜'라고도 할 수 있다. 여전히 부정적인 감정에 사로잡혀 있다면 어떤 말과 행동을 한다 해도 백해무익하다. 이럴 때는 마음의 파도가 가라앉고 평정과 논리를 회복할 때까지 기다리는 것이 현명하다. 아울러 당장 어떤 결정을 내리거나 행동을 취하는 것의 이득이 명백하지 않다면, 일단 한 걸음 물러서서 새로운 기회를 노리는 것이 훨씬 더 좋은 방법이다.

자신의
진짜 얼굴과 대면하기

또 한 가지 해야 할 것은 피해를 당했다는 사실을 잊기 위해 노력해야 한다는 점이다. 우리가 심리적 고통을 느끼는 본질적인 원인 중 하나는 자신이 피해를 보고 무엇인가를 빼앗겼다는 생각 때문이다. 이는 격렬하고 사무친다. 주식 시장에는 '손해를 보는 것에서 오는 격통은 2.5배 이상의 이득을 얻어야 사라진다'는 말이 있다. 그만큼 손해로 인한 타격감은 뼈아프다. 행동경제학자이자 심리학자인 아모스 트버스키Amos Tversk와 그의 동료는 이를 '손실 혐오Loss Aversion'라고 표현한다. 인간은 본능적으로 손해를 보는 것을 혐오하고 기피한다는 이야기다. 그뿐 아니라 앞으로 이러한 손해가 반복될 수도 있다는 점에서 두려움마저 생기고 이것이 더 큰 고통을 유발하게 된다.

중요한 것은 이러한 격통이 사라질 수 없다면, 잊어 버리는 것이 통증을 줄이는 유일한 방법이라는 점이다. 사람들이 견디는 과정을 온전히 수행해내지 못하는 것은 자신이 입은 피해가 자꾸만 생각나기 때문이다. 하지만 '그것에 대해서 내가 할 수 있는 것은 아무것도 없다'는 사실을 인정하고 나면 마음이 가라앉고 미래에 대한 두려움도 점차 사라진다. 혹자는 이를 두고 자포자기 상태라고 말할 수도 있지만, 최소한 지금 이 상황에서는 자포자기가 오히려 현명한 전략이다.

마키아벨리는 공성전에서 초기에 희생이 발생하더라도 군주가 너무 당황할 필요가 없다고 말한다. 초기에는 사기가 충분하기 때문에, 그리고 사기가 떨어지더라도 이미 아무것도 할 수 없기 때문에 결국에는 안정될 것이라고 말한다. 역시 자포 자기의 심정과 맞닿아 있다.

> "적군은 아마 도착하자마자 당연히 성 밖의 외곽 지역을 불태우고 약탈하겠지만, 그때는 아직 시민들의 사기가 드높고 버틸 각오가 돼 있을 때이다. 며칠이 지나면 시민들의 흥분은 가라앉게 되며, 피해는 이미 발생했고 희생을 감당한 연후이므로 거기에 대해서 더 이상 어떤 조치를 취할 수도 없다. 따라서 군주는 시민들의 충성심이 약해질 것에 대한 두려움을 가질 필요가 없다."

어차피 되돌릴 수 없는 일이라면, 더 이상 그 아쉬움의 언저 리와 피해의식에 머물지 말고 과감하게 발을 떼어 새로운 행보 를 하라는 이야기다.

우리는 고통을 견디는 자의 전형적인 모습을 바로 링 위에 오른 복서에게서 발견할 수 있다. 그는 가장 먼저 양팔을 들어 서 턱과 얼굴 부위로 가져가는 가드Guard 자세를 취한다. 언제 라도 상대의 주먹으로 타격이 가해질 수 있기 때문에 맞을 때

맞더라도 보호를 하면서 맞겠다는 의지이기도 하다. 고통을 견디는 자의 자세 역시 이래야 한다. 설사 맞더라도 최대한 타격감을 줄이고 휘청이지 않도록 해야 한다. 분노와 불안을 제어해서 감정을 조절하며, 피해에 대한 아쉬움을 잊고 견딜 수 있어야 한다.

여러 가지 이유로 힘들어 하는 친구들에게 꼭 해주는 말이 있다. 바로 "힘 내."라는 말이다. 관용어처럼 너무 흔하게 쓰이기 때문에 이 말을 하는 사람도 듣는 사람도 감흥이 크진 않을 수 있다. 하지만 정말로 견디기 위해서는 힘을 끌어모아야 한다. 몸에 흐르는 단단한 힘만이 타격을 견딜 수 있게 해주기 때문이다. 그리고 더 중요한 점은 이러한 견딤의 수고로움 속에서 '진짜 나'의 모습을 발견할 수 있다는 점이다.

일본 메이지 시대의 대문호로 평가받는 나쓰메 소세키夏目漱石의 소설 《열흘 밤의 꿈夢十夜》에는 한 조각가의 이야기가 나온다. 큰 나무에 현란하게 끌과 망치를 사용하자 점차 불교의 수호신인 인왕상仁王像의 코와 눈썹이 만들어지기 시작한다. 사람들은 그 광경을 지켜보며 '아무렇게나 끌과 망치를 놀려도 마음대로 코와 눈썹이 만들어지는 구나!'라고 감탄한다. 하지만 그때 한 젊은이가 말했다.

"아니, 저건 끌과 망치로 눈썹과 코를 만드는 것이 아니오. 나무 속에 묻혀 있는 눈썹과 코를 끌과 망치의 힘으로 파내는 것뿐이오. 마치 흙속에서 돌을 파내는 것과 똑같은 이치니, 결코 틀릴 일이 있겠소!"

고통을 견뎌 보지 않은 자는 자신의 본 모습을 알기 힘들다. 즐거움과 행복 속에서는 삶의 그림자를 볼 일도 없고, 평온과 안정만이 있는 나날에서는 도전과 극복의 희망을 발견할 수도 없다. 수고롭게 끌과 망치를 사용할 일이 없으니, 수호신의 눈썹과 코를 만들어 보지도 못한 사람과 마찬가지다.

지금 고통스러운기? 그 고통으로 괴롭고 우울하다는 생각이 드는가? 온 몸에 힘을 줘라. 그리고 팔을 들어 가드를 올리자. 쿵쾅거리는 타격의 소리에서 내 몸의 흔들림을 느낄 수 있고, 거친 숨소리에서 내 마음의 흔들림을 감지할 수 있을 것이다. 너무 긴장하지 말고, 내 팔의 가드가 만들어내는 그림자 속에서 내 얼굴을 바라보자. 그때가 바로 자신의 진짜 모습을 발견하는 시간이다. 그리고 반격이 시작되는 순간이기도 하다.

4
짐승의 세계에서
우아하게 인간인 척하지 말라

"우리 시대의 위대한 업적을 성취한 군주들은

신의를 별로 중시하지 않고 오히려 기만책을 써서

인간을 혼란시키는 데에 능숙한 인물이라는 것을 알 수 있다.

그들은 신의를 지키는 자들에게 맞서서

결국에는 승리를 거두었다."

- 《군주론》 제18장 -

인간이 가지고 있는 가장 근본적이고 보편적인 믿음 하나가 있다. 그것은 바로 '정직'에 대한 것이다. 정직한 삶이야말로 올바른 삶이며, 또 그렇게 해야만 공동체 안의 모두가 행복할 수 있다고 여겨 왔다. 무엇보다 초기 기독교 신앙을 만들어왔던 청교도들이 바로 최고의 덕목으로 '정직'을 내세웠다. 그리고 이 정직에서부터 많은 현대 자본주의의 가치가 만들어졌다. 정당한 계약이라든지, 합당한 보상, 그리고 그것에 따른 의무의 이행 등도 모두 이 정직이라는 대원칙에 뿌리를 두고 뻗어져 나왔다.

마키아벨리가 '권모술수의 대가'로 불리고 '사악한 정치 기술자'처럼 보이는 것은 바로 이러한 인간의 근본적인 도덕률인

정직에까지 도전하고 있기 때문이다. "때로는 정직할 필요가 없고, 경우에 따라서는 충분히 속여야 한다."는 그의 말은 아무리 봐도 용인하기가 힘들다. 어떤 정치인이나 고위 공무원이 TV 토론 프로그램에 나와서 "때로는 정직할 필요가 없습니다. 뭐 다들 거짓말을 할 때도 있지 않나요?"라고 말한다면 어떻겠는가. 그런데 마키아벨리는 그것을 대놓고 《군주론》이라는 책에 적어 놓았다.

심지어 마키아벨리는 정직하지 않은 것에서 한 걸음 더 나아가 '인간이 아닌 짐승이 될 결심을 하라'고 조언하기도 한다. 마키아벨리의 이런 조언과 태도는 충분히 불순하고, 어쩌면 인간이 만들어 놓은 사회의 질서를 뒤집으려는 불온한 시도로까지 보인다. 하지만 한 가지 놓치지 말아야 할 것은 마키아벨리가 늘 '약자의 관점', '을乙의 시선'을 유지했다는 점이다.

같은 공간에 살지만,
전혀 다른 두 개의 세계

같은 공간에서 같은 시간을 보낸다고 해서 우리가 모두 '같은 세계'에 산다고 장담할 수 있을까? 종종 우리는 같은 지구 위에서, 한 나라에 살고 있는데도 불구하고 실상은 전혀 다른 각자의 세계에서 살아가고 있다는 의심을 지우기 힘들다.

2019년 청와대의 한 보좌관은 청년들에게 "취직이 안 된다고 헬조선이라 하지 말고 동남아에 가라."고 말했다. 이 말을 들은 당시 많은 청년들은 그들의 어이없는 현실 인식에 크게 낙담했다. 이런 일이 꼭 우리나라에서만 일어나는 것은 아니다. 2019년 미국 연방정부가 셧다운되자 무급 휴가 중인 공무원들이 무료 급식소에 줄을 섰다. 이때 윌버 로스 상무부 장관은 한 언론과의 인터뷰에서 이렇게 이야기했다. "왜 그러는지 이해하기 어렵다. 공무원은 사실상 무이자 수준의 대출을 받을 수 있으며, 그들이 대출을 받지 않을 이유가 없다."

경우에 따라서 한쪽에 사는 인간은 다른 세계에 사는 인간을 전혀 이해하지 못하고, 이해하고 싶어 하지도 않는다. 마키아벨리의 시각도 크게 다르지 않았다. 그는 '인간의 세계'와 '짐승의 세계'가 존재한다고 했으며, 그에 따른 '인간의 싸움법'과 '짐승의 싸움법'에 관한 이야기를 했다. 역시 마키아벨리의 스타일답게 그는 "경우에 따라서는 인간이 아닌 짐승이 될 결심을 해야 한다."고 말한다. 이 짐승의 세계에는 신의 외 믿음 따위는 존재하지 않으며, 기만이 난무하는 곳이다. 마키아벨리는 자신의 주장이 가져다줄 충격파를 예상했는지, 너무 오해는 하지 말라며 일단 밑자락부터 깔고 시작한다.

"군주가 신의를 지키며 기만책을 쓰지 않고 정직하게 사는

것이 얼마나 칭송받을 만한 일인지는 누구나 알고 있다."

한마디로 '나도 신의나 정직이 얼마나 중요한지는 충분히 알고 있다'는 전제이다. 그리고 그는 본격적으로 '인간의 길 vs. 짐승의 길'을 논한다.

"싸움에는 두 가지 방법이 있다. 그 하나는 법에 의지하는

것이고, 다른 하나는 힘에 의지하는 것이다. 첫째 방법은

인간에게 합당한 것이고, 둘째 방법은 짐승에게 합당한

것이다. 그러나 전자로는 많은 경우에 불충분하기 때문에,

후자에 의지해야 한다. 따라서 군주는 모름지기 짐승의

방법과 인간의 방법을 모두 이용할 줄 알아야 한다. (…)

현명한 군주는 신의를 지키는 것이 자신에게 불리할 때,

그리고 약속을 맺은 이유가 사라졌을 때는

약속을 지킬 수 없으며, 또 지켜서도 안 된다."

우리가 가진 일반적인 도덕률에 따르면 받아들이기 쉽지 않은 내용이다. 더욱이 법에 의지하는 방법이 불충분하기 때문에 짐승에게 합당한 힘에 의지하라는 말은 현대의 법철학에도 어

굿나는 일이다. 그런데 마키아벨리의 조언이 합당해질 수 있는 유일한 조건이 하나가 있다. 그것은 바로 세상이 지나치게 비이성적이고, 과도하게 불합리하며, 숨 막히도록 살기 힘든 불공평과 불공정이 존재한다는 전제이다. 로마가 아닌 곳에서는 로마법에 따를 필요가 없는 것처럼, 인간의 합리성이 전혀 통하지 않는 순간에는 더 이상 이성적으로 대처할 필요가 없다. 이와 관련한《군주론》의 한 대목을 살펴보자.

> "이 조언(짐승이 될 결심)은 모든 인간이 선하다면 온당하지 못하다. 그러나 인간이란 사악하고 (군주인) 당신과 맺은 약속을 지키려고 하지 않기 때문에, 당신 자신과 그들이 맺은 약속에 구속되어서는 안 된다."

마키아벨리는 심지어 자신의 시대를 '기만하는 자들이 승리하는 시대'라고 규정 짓는다.

> "우리 시대의 위대한 업적을 성취한 군주들은 신의를 별로 중시하지 않고 오히려 기만책을 써서 인간을 혼란시키는 데에 능숙한 인물이라는 것을 알 수 있다. 그들은 신의를 지키는 자들에게 맞서서 결국에는 승리를 거두었다."

늘 기만을 당하며 속는 을Z의 세상에 사는 사람들이 과연 갑甲이 사는 세상의 법과 관습을 따를 필요가 있을까. 한국에서 취직이 안 되면 동남아로 가라는 조언을 들으면 내 인생은 좀 더 나아질 수 있을까.

지금 우리가 살아가는 사회는 거칠게 말해서 '짐승의 세상'이기도 하다. 그곳에서는 짐승처럼 살아가는 게 생존에 유리할 수 있고, 너무 우아하게 인간 행세를 하면 곤란해질 수도 있다.

거친 비난 뒤에 숨겨진
간절한 열망

그러나 이쯤에서 우리는 마키아벨리가 왜 그토록 시민들에 대한 평가를 박하다 못해 야멸차고, 더 나아가 인간의 악한 본성까지 거론하면서 깎아내리는지, 그렇게까지 하는 숨겨진 또 다른 의도가 있지는 않은지 생각해 볼 필요가 있다.

군중에 대한 마키아벨리의 전반적인 평가는 '변덕이 심하고, 나약하며, 관습에 얽매여 있고, 당장의 이익에 현혹되는 존재'이다. 이러한 비하는 군중이 '복종의 습성'을 가지고 있으며, 급기야 '노예'와 비슷하다고 말하는 장면에서 정점을 찍는다.

"한 군주의 지배에 익숙해왔던 도시나 국가는
그 군주의 혈통이 끊기고 과거의 지배자가 없어지더라도,
시민들에게 복종의 습성은 여전히 남아 있게 마련이다."

마키아벨리의 또 다른 저서인 《로마사 논고》에서는 이렇게
말한다.

"대중의 습성은 얼이 빠진 짐승과도 같다. 사나운 본성을
지니고 숲에서 태어났음에도 불구하고 오랫동안 사육장 속에
갇혀 노예처럼 사육되고 있다가 뜻밖에 자유로워져서 들판에
방목되면 어리둥절해 버린다. 그래서 먹잇감이 어디에
있는지, 보금자리인 동굴이 어디 있는지 혼란스러워하다가
결국 다른 짐승의 먹잇감이 되어버린다.
타인의 명령하에 사는 데 익숙해진 대중은
바로 그와 같은 처지가 되는 것이다."

마키아벨리가 보기에 군중들은 답답할 정도로 무지한 존재
들이었다. 하지만 이러한 판단보다 더 중요한 것은 그가 가진
'의도'이다. 단순히 냉소하고 비난하기 위한 것이냐, 아니면 더
나은 상태로의 전환을 위해 각성을 촉구하는 의도에서 비롯되

었느냐는 큰 차이가 있기 때문이다.

사람들을 깜짝 놀라게 하는 파격적인 주장일수록 그것이 노리는 최종 목표는 매우 원대한 것일 가능성이 크다. 자잘하고 사소한 변화만을 꾀한다면 그다지 놀라운 주장을 하지 않아도 비교적 수월하게 이룰 수 있기 때문이다.

《군주론》은 '악마의 책'이라는 극단적이고 충격적인 평가를 받은 만큼, 마키아벨리가 궁극적으로 기획했던 목표 또한 원대하고 큰 변화였다고 짐작할 수 있다. 이러한 점을 가장 잘 포착해낸 인물이 바로 프랑스의 정치인이자 철학자인 장자크 루소 Jean Jacques Rousseau이다. 그는 《군주론》에 대해 이렇게 평가했다.

"마키아벨리는 군주에게 가르침을 주는 듯이 꾸미면서, 실은 군중들에게 위대한 교훈을 주었다."

마키아벨리가 새로운 국가를 이끌어갈 수 있는 핵심적인 주체 세력으로 시민들을 지목한 부분도 이러한 해석을 뒷받침한다. 사실 그는 교황과 귀족의 폭정을 대체할 수 있는 유일한 대안을 군주와 시민의 연합체로 보았다. 그럼에도 불구하고 그렇게 시민들을 짐승처럼 폄하한 이유는 어쩌면 그만큼 간절히 바라는 무언가가 있기 때문은 아니었을까? 누군가에 대한 관심과 열망이 클수록 우리는 더 독하게 상대를 몰아세우면서 절실하게 변화를 촉구하기도 한다.

따라서 《군주론》에서 포착되는 인간 본성에 대한 혹독한 평가는 오히려 그 복종의 습성을 버리고 정치적 노예의 상태에서 해방되라는 각성의 촉구일 수도 있다. 이때 주목할 표현은 바로 '습성'이라는 단어이다. 마키아벨리는 '시민들에게 복종의 습성이 남아 있다'라거나 '대중의 습성은 얼이 빠진 짐승과도 같다'라고 지적했다. 따라서 노예 탈출은 습성의 변화에서부터 시작해야 한다.

노예가 가진 가장 대표적인 습성은 자신에 대한 평가를 권력자에게 맡기는 것이며, 그것을 어기는 일을 공포스럽게 여긴다는 점이다. 그 결과 스스로 초라한 내면에 갇혀 더 이상의 진화를 꾀하지 못하게 만들어 버린다.

초라한 내면을 가진
노예의 습성

노예의 상태를 철학적 주제로 끌어올리며 맹렬하게 비판했던 인물이 바로 독일 철학자 프리디리히 니체Friedrich Nietzsche였다. 그는 '주인의 도덕'과 '노예의 도덕'이 있다고 말한다. 그가 말하는 노예의 도덕은 늘 순종적으로 주인에게 복종하고, 주어진 질서에 순응하며, 스스로 무언가를 결정하거나 인간 특유의 창조성을 지니지 못한다고 말한다. 마키아벨리가 말한 노예적 습성을 가진 군중의 모습과 크게 다르지 않다. 그런데 니체는 여기에 한 가지를 더 지적한다. 바로 노예가 가지는 특유의 생각과 그로 인한 감정의 상태이다. 니체는《도덕의 계보》에서 이렇게 말한다.

> "(노예에게는) 모든 인간 조건에 대한 염세주의적 의혹, 인간의 조건과 더불어 인간 자체에 대한 저주 등이 내포되어 있으리라. 노예의 눈은 강자의 미덕을 좋게 보지 않는다. 그는 회의와 불신에 가득 차 있으며 강자들이 존중하는 선善이라면 무조건 의심을 갖고 대한다. 그는 강자들의 행복은 진정한 행복이 아니라고 믿고 싶어 한다."

의혹, 저주, 회의, 불신, 의심…. 니체는 이러한 노예적 감정의 총체들을 '르상티망Ressentiment'이라고 불렀다. 권력자에 대한 공포심 안에서 질투를 하고 열등감을 느끼며 복수심을 키워가는 심리이다.

물론 오늘날 전통적인 의미의 노예는 완전히 사라졌다. 그리고 그 누구도 이런 노예를 자처할 리도 없다. 문제는 노예적 습성이 여전히 남아 있다는 점이다. 그것은 바로 자신에게 닥친 여러 가지 재난과 어려움에 대한 공포와 두려움을 뚫고 나아가지 못하고 연민과 동정으로만 위로하려는 경향이다.

'모든 사람은 재난 영화의 주인공이다'라는 말이 있을 정도로 우리는 숱한 어려움을 겪는다. 돈, 성과, 직업, 관계, 연애, 여기에 신체적 질병을 유발하는 나쁜 습관까지. 문제는 여기에 굴복하고 자신을 도피시킬 경우, 결국 다시 초라한 노예의 내면으로 돌아가게 된다는 점이다.

그런 자신을 연민하며 토닥일 수도 있겠지만, 이는 자칫 어려운 상황을 회피하며 노예의 상태로 퇴행하게 만드는 결과로 이어질 우려가 크다.

미카아벨리가 제안한 대안, '짐승의 길'

우리는 잠시 앞에서 마키아벨리가 말한 '짐승의 길'을 다시 떠올릴 필요가 있다. 마키아벨리는 짐승의 길을 논하면서 '신의를 지킬 필요가 없다'거나 '우리 시대의 승자는 모두 신의를 어겼다'는 말을 이어나갔고, 그것이 비판의 근거가 되기도 했다. 그러나 당시 '신의'라는 말은 오늘날처럼 귀한 가치를 지니지 못했다. 교황은 유부녀를 정부情婦로 둘 정도로 대중들로부터 기대되는 '종교적 신의'를 무참히 어겼고, 귀족과 교황은 사치스러운 생활과 권력의 남용을 자행하면서 '정치적 신의'를 무너뜨린 시대였다.

사실 마키아벨리가 '짐승의 길'을 통해서 궁극적으로 말하고자 하는 것은 부족한 것을 채워 더 강하고 완전한 방법을 사용하라는 의미이다. 마키아벨리는 고대 그리스 신화에 등장했던 많은 군주들이 반은 인간이고 반은 짐승의 모습을 지닌 케이론Chiron에게 교육 받았음을 언급하며 그 의미를 이렇게 해석하고 있다.

> "(고대의 군주들이) 반인반수伴人伴獸를 스승으로 섬겼다는 것은
> 군주가 이러한 양면적인 본성의 사용법을 알 필요가
> 있다는 점을, 그중 어느 한쪽이 결여되면 그 지위를
> 오래 보존할 수 없다는 점을 의미한다."

인간의 길이 동정과 연민, 공감으로 가득한 안전한 방법이라면, 짐승의 길은 맹수의 이빨을 드러내며 상대를 제압하고 이겨야만 하는 위험한 상황이다. 비록 상처가 생길지라도, 오히려 그 상처를 자양분 삼아 계속 앞으로 나아가야 할 때도 있는 법이다.

장벽을 넘어야
비로소 보이는 것들

대영제국 훈장까지 받은 스포츠 코치 데이브 알레드Dave Alred 박사는 프리미어리그 맨체스터시티와 영국 유도 국가 대표팀 등에서 세계 최고 선수들이 마음껏 기량을 발휘할 수 있도록 도와주었다. 그는 자신이 코치하는 한 선수가 경기에 앞서 극심한 불안과 압박감을 느끼자 편지를 썼고, 그 내용은 이렇게 마무리되고 있다.

> "초조하고 불안할 거야. 어쩌면 불편할 수도 있지. 그건 멋진 감정이야. 그 감정이야말로 훌륭한 경기, 명승부를 펼치게 해줄 에너지원이야."[5]

우리는 자신 앞에 펼쳐진 재난에 초조하고 불안하고 공포감을 느낀다. 하지만 거기에만 머물면서 위축되고, 두려워하고, 화가 치미는 르상티망의 감정을 품고 사는 것은 결국 자신을 노예 상태에 머물게 할 뿐이다.

냉정하게 들릴지 모르겠지만, 우리는 사랑받기 위해 태어난 존재가 아니다. 그 어떤 조건도 없이 나를 사랑해줄 사람은 부

모밖에 없으며, 심지어 그 부모도 나를 사랑해주지 않는 경우
가 허다하다. 그러니 타인에게 사랑받기 원하기보다, 차라리 자
신이 강인한 주인이 되어 주변 사람들에게 사랑을 주는 편이
훨씬 더 나은 일일 것이다.

이례적으로 미국 공화당과 민주당 의원들의 초당적인 지지
를 받을 정도로 지혜롭고 겸손하다는 평가를 받는 존 로버츠
John Roberts 연방대법원장은 2017년 한 중학교 졸업식장 연설에
서 이렇게 말했다.

> "나는 여러분들이 외롭기를 바랍니다. 그래야만 친구를 당
> 연히 여기지 않을 테니까 말입니다. 나는 여러분이 가끔은
> 운이 없기를 바랍니다. 그래야만 운의 역할을 인식하고 여
> 러분의 성공이 전적으로 마땅한 것이 아니며, 타인의 실패
> 가 전적으로 마땅하지 않다는 사실을 이해할 테니까요."

외로움을 이기면 친구의 소중함을 알고, 불행한 일을 겪으면
운의 소중함과 성공과 실패에 대한 더 깊은 통찰이 생기게 된
다. 장벽을 넘고 나면 그간 높은 장벽에 가려서 보이지 않았던
진실과 새로운 기회가 보이는 법이기 때문이다.

혹시 지금 재난의 장벽 앞에 서 있다면, 그것은 오히려 희망

이다. 드디어 노예에서 주인으로 나아갈 수 있는 기회가 생긴 것이다. 나의 노예적 습성을 직시할 수 있고, 그 벽을 성공적으로 넘어서고 나면 다시는 퇴행하지 않을 수 있는 더욱 성숙한 인간이 될 수 있다. 진정한 '인간의 길'은 그때 비로소 걸어갈 수 있을 것이다.

PART 2

사람의 행동을 끌어내는

마음의 작동법

: 본성과 심리를 자유자재로 활용하라

　　　　　　　　　 오랜 세월 '경영의 신'으로 추앙받는 기업인 마쓰시타 고노스케 회장. 그가 한결같이 강조하는 신념은 바로 '사람이 전부다'라는 것이다. 사업의 성패를 좌우하는 것은 제품이 아닌 사람이라는 생각으로, 사람의 마음을 움직이는 것은 무엇인지 연구하고 실천했다. 그렇다. 사람을 움직이기 위해서는 먼저 마음을 움직여야 한다. 세상은 돈과 법률, 제도나 규칙 등에 의해 돌아가는 것 같지만, 사실 그 모든 것들은 사람의 마음이 만들어낸 결과들이기도 하다.

　　마키아벨리의 《군주론》은 한편으로 '사람의 마음을 어떻게 움직일 것인가'에 관한 책이기도 하다. 시민과 귀족, 군대와 교황의 틈새에서 전력을 다해 권력을 쟁취하려는 군주는 반드시 사람의 마음 작동법을 알아야 하기 때문이다. 기본적으로 마키아벨리는 군주라면 모름지기 민심을 얻기 위해 최선을 다해야 한다고 강조한다. 하지만 사람들의 본성은 변덕스러우며 곧잘 이기적이고 악하기 때문에 절대로 안심하지 말라는 경고를 잊지 않는다. 사람을 얻되 그 사람을 전적으로 신뢰하지 말라는 아슬아슬한 줄타기 같은 전략의 디테일을 들여다 보자.

이는 우리가 처한 현실에서도 유용한 조언이 되어줄 것이다. 내가 도움을 받아야 할 사람과 함께 가야 할 파트너, 그리고 경쟁자들의 마음을 읽고 그것을 움직여야 보다 유리한 동선을 확보하고 전략적인 협력이 가능하기 때문이다.

5
인간의 악한 본성을
냉혹하게 직시하라

"막상 그럴 필요가 별로 없을 때 사람들은

당신을 위해서 피를 흘리고, 자신의 소유물, 생명

그리고 자식마저도 바칠 것처럼 행동한다. 하지만 당신이 정작

그러한 것들을 필요로 할 때면 그들은 등을 돌린다."

-《군주론》제17장 -

일상적인 관계에서나 성공을 향해 나아가는 길에서 우리를 가장 아프게 하는 것은 바로 믿었던 사람들의 배신, 변심, 변덕이다. 그토록 굳게 약속했건만, 시간이 흐르고 상황이 달라지면서 변해 가는 상대의 모습을 지켜보는 것은 가슴 아픈 것을 넘어 차라리 다 포기해 버리고 싶은 마음까지 들게 한다. 그래서적지 않은 사람들이 인생의 행보에서 덜컥 넘어지는 것은 바로이 지점이기도 하다. 신뢰가 깨지고 관계가 틀어지는 고통은계속 앞으로 나갈 용기를 잃게 만들고, 좌절과 열등감을 안겨주기 때문이다.

이에 대해 마키아벨리는 두 가지 대안을 이야기한다. 첫째는'인간은 원래 변덕스러운 존재'라는 사실을 가슴에 새기라는 점이다. 단순히 '인간의 욕심은 끝이 없고, 욕심을 채우다 보면 누군가를 배신하게 된다'라는 식으로 욕심만을 탓해서는 안 된다. 배신은 욕심이 없는 상태에서도 발현될 수 있는 거의 본능에 가까운 것이기 때문이다. 두 번째로 이러한 배신은 인간 개개인의 도덕성이나 윤리적 결심에 의해서 자제되지 않으니, '차라리 그것을 능동적으로 관리하는 것이 더 낫다'는 대안이다. 병에 걸리고 난 후의 치료보다는, 병에 걸리기 전에 백신을 놓아서 오히려 배신자들이 스스로를 사전에 제어할 수 있도록 만들라는 이야기다.

배신자들의 특징적인
언어 사용 패턴

배신을 경험한 사람들은 안타깝게도 자기 자신을 탓하는 경우가 많다. 처음에는 배신한 상대를 욕하다가도, 어느 순간 자신이 왜 과거에 상대방이 보였던 배신의 기미를 눈치 채지 못했을까를 탓하게 되는 식이다. 하지만 여기에는 매우 과학적인 이유가 있다. 우리가 배신을 미리 상상하기 힘든 이유는, 배신자들이 매우 교묘하게 그것을 은폐하기 때문이다.

2015년 미국 코넬대학교, 메릴랜드대학교, 콜로라도대학교의 공동 연구팀은 배신을 앞둔 사람들이 사용하는 미묘한 언어의 패턴을 발견했다. 그 결과는 '과도하게 예의 바른 표현을 지속하는 사람일수록 배신할 가능성이 더욱 높다'는 것이다.

이 연구 결과에 따르면, 굳이 그럴 필요가 없음에도 불구하고 스스로를 매우 정중하게 보이려고 하는 사람일수록 배신의 기회를 노리고 있다고 볼 수 있다. 또 연구팀은 배신자가 '앞으로의 계획'과 관련한 어휘를 상대적으로 적게 사용한다는 사실도 알아낼 수 있었다. 즉, 미래와 관련된 언어 사용을 줄여서 앞으로 닥칠 걱정과 불안이 밀려오지 못하게 하고, 예의 바르게 행동함으로써 상대방을 안심 시키고 배신을 알아차리지 못하게 한다는 이야기다.

마키아벨리는 이러한 배신자의 특징을 매우 정확하게 짚어냈다. 그 역시 '과도하고', '굳이 그럴 필요가 없음에도' 충성심을 보이려는 배신자의 모습에 주목했다.

> "막상 그럴 필요가 별로 없을 때 사람들은 당신을 위해서 피를 흘리고, 자신의 소유물, 생명 그리고 자식마저도 바칠 것처럼 행동한다. 하지만 당신이 정작 그러한 것들을 필요로 할 때면 그들은 등을 돌린다. 따라서 전적으로 그들의 약속을 믿고 다른 대책을 소홀히 한 군주는

몰락을 자초할 뿐이다."

만약 당신이 배신을 당한 적이 있다면, 그리고 그때 자기 자신을 탓하며 힘들어 했다면, 굳이 그럴 필요가 없다는 사실부터 명확히 짚어야겠다. 당신은 속을 수밖에 없었고, 그것은 자연스러운 일이었다.

자기 자신에게도 속는
배신자들

이와 동시에 우리는 배신에 관해 또 한 가지 중요한 질문을 해야 한다. 바로 '배신자는 배신이 나쁜 짓이라는 사실을 알고 있을까?' 하는 점이다. 놀랍게도 그렇지 않을 가능성이 매우 크다. 그 이유는 배신자 스스로가 자신에게도 속고 있기 때문이다. 일종의 '자기기만'의 흐름 속에서 자신의 행위와 타인을 기만하는 배신을 정당화한다는 이야기다. 미국에서 진화심리학의 초석을 만든 생물학자로 인정받는 럿거스대학교 인류학과 로버트 트리버스Robert Trivers 교수는 '자기기만 - 타인기만'의 맥락을 이렇게 설명한다.

"자기기만은 내가 나를 속이는 것이다. 우리 안에 의식적인 마음과 무의식적인 마음이 있다면, 의식적인 마음이 모르도록 현실을 애써 담아두려 하지 않는다. 그러면 진실된 정보는 무의식적 마음에 저장되고 거짓이 의식적인 마음에 저장된다. 같은 사건을 접해도 의식적으로 자신에게 유리하게 정보를 선택해 기억한다. 그리고 이는 타인을 기만하는 데도 들통 나지 않도록 스스로를 보호하기도 한다. (…) 자기기만은 사각지대를 생산한다. 그래서 우리가 현실감을 잃도록 만든다."[6]

그래서 배신자는 스스로를 안전하게 보호하면서 배신에 이르게 되고, 현실 감각이 사라진 사각지대에서 자신의 행동을 정당한 것이라고 합리화한다.

요약하자면, 우리는 배신이 코앞에 닥친 상황이라고 하더라도 그것을 미리 예상하는 것은 매우 힘들며, 배신의 당사자 역시 그 배신을 나쁜 것이라고 생각하지 않는다는 점을 기억할 필요가 있다. 따라서 인간 사회에서의 배신이란 피할 수 없는 것이며, 설사 그것이 나에게 일어난다고 해도 심정적으로는 아프고 슬프겠지만, 이성적으로는 지나치게 좌절할 필요가 없다고 봐야 한다.

다만 마키아벨리는 인간들의 이러한 속성을 누구보다 잘 알았기에 미리 대책을 세우라고 조언한다. 15세기 르네상스 시대 인간의 성선설이 지배적이던 당시 마키아벨리는 인간이란 원래부터 변덕스러운 위선자들이라고 설파했다.

> **"인간이란 은혜를 모르고 변덕스러우며 위선적인 데다**
> **기만에 능하며 위험을 피하려 하고 이익에 눈이 어둡다.**
> **사람들은 당신이 은혜를 베푸는 동안만**
> **당신에게 온갖 충성을 바친다."**

마키아벨리는 아예 '인간은 원래 배신하는 존재'라는 낙인을 찍고 시작한다. 차라리 처음부터 순진한 기대 따위는 집어치우는 것이 우리의 정신 건강에 더 좋다는 이야기로 들릴 법하다. 그의 이러한 시각이 다소 과하고 불편하다고 생각할 수도 있다. 하지만, 이때 느끼는 불편함은 '기만에 능하고 이익에 눈이 먼' 인간들에게 당하고 나서 느끼는 괴로움과 고통보다는 훨씬 달콤할 것이다.

‹Portrait of a Niccolò Machiavelli›

"인간이란 은혜를 모르고 위선적인 데다 이익에 눈이 어둡다."

'잔인한 자비'라는
역설적 대안

비록 배신과 변덕이 일상다반사라고 해도, 그것에 속수무책으로 당하면서 살 수는 없다. 더욱이 권력을 장악하고 유지해야 하는 군주라면 여기에 더욱 철저하게 대비해야만 한다. 우리들 역시 성공을 향한 여정에서 악한 인간들에게 당하고 좌절하지 않기 위해서는 반드시 대비를 해야 한다.

마키아벨리가 권하는 대비책은 바로 '잔인함'이다. 우선 마키아벨리 역시 이러한 잔인함을 기꺼이 반기면서 해야 할 것은 아니라는 입장이다.

> "동료와 시민을 죽이고, 친구를 배신하고, 신의가 없이
> 처신하고, 무자비하고, 반종교적인 것을 덕virtu이라고 부를
> 수는 없다. 그러한 행동을 통해서 권력을 얻을 수 있을지언정
> 영광을 얻을 수는 없다."

이러한 기본적인 태도에도 불구하고 그가 어쩔 수 없이 잔인함을 권하는 이유는 때로는 그것이 '진정한 자비'가 될 수 있기 때문이다.

"자비를 부적절한 방법으로 베풀지 않도록 조심해야 한다. 체사레 보르자는 잔인하다고 생각되었지만, 그의 엄격한 조치들은 로마냐 지방에 질서를 회복시켰고, 그 지역을 통일시켰으며 또한 충성스러운 지역으로 만들었다. 보르자의 행동을 잘 생각해 보면, 잔인하다는 평판을 듣는 것을 피하려고 피스토이아가 사분오열되도록 방치한 피렌체인들과 비교할 때, 그는 훨씬 더 자비롭다고 할 수 있다. (반면) 너무 자비롭기 때문에 무질서를 방치해서 그 결과 많은 사람이 죽거나 약탈당하게 하는 군주보다, 소수의 몇몇을 시범적으로 처벌함으로써 기강을 바로잡는 군주가 실제로는 훨씬 더 자비로운 셈이 될 것이기 때문이다. (…) 신생 군주는 위험으로 가득 차 있기 때문에, 군주들 중에서도 특히 신생 군주는 잔인하다는 평판을 피할 수가 없다."

위에서 언급되는 체사레 보르자Cesare Borgia는 스페인 귀족 가문의 출신으로 매우 야심찬 인물이었으며 무려 18세에 교황의 자리에 오른 입지전적인 인물이다. 마키아벨리는 특히 그의 냉철함과 잔인함을 긍정적으로 평가하곤 했다. 마키아벨리는 체사레 보르자가 보여준 '소규모의 잔인함'이 '더 큰 잔인함'을 막는 무기가 될 수 있고, 더 많은 불행을 막을 수 있는 방어벽일 수 있음을 깨달았다. 악한 행동을 일삼는 인간들을 초기에 무력으로라도 통제하는 것이 더 큰 선을 이루는 자비에 통한다고 본 것이다. 심지어 마키아벨리는 '잘(well) 이루어진 잔인함'이라는 또 다른 역설도 등장시킨다.

> "많은 권력자가 잔인한 조치를 했음에도 자신의 권력을
> 유지할 수 있었던 이유는 그러한 조치들이 잘 이루어졌는가
> 또는 잘못 이루어졌는가에 따라서 좌우된다.
> 그러한 잔인한 조치들이 '잘 이루어졌다'는 것은 자신의
> 안전을 위해서 어쩔 수 없이 일거에 모두 저질러진 것을
> 말하며, 그 이후에는 지속되지 않고 자신의 국민들에게
> 가능한 한 유익한 조치로 바뀌었다는 것을 의미한다.
> 잔인한 조치들이 '잘못 이루어졌다'는 것은 처음에는 빈도가
> 낮았으나, 시간이 흐를수록 감소하기보다는
> 증가하는 경우에 해당한다."

마키아벨리에 의하면 '잘 이루어진 잔인함'은 처음에 한꺼번에 행해지고 점차 강도가 약해지는 것을 말하며, '잘못 이루어진 잔인함'은 처음에는 약하다가 점점 그 강도가 높아지는 것을 말한다. 따라서 그는 모든 위압적인 행위를 일거에 저질러 버

리고, 이후에는 매일 되풀이할 필요가 없도록 조치해야 한다고
말한다. 은혜는 조금씩 베풀어야 그 맛을 더 느끼기 때문이다.

우리는 어떻게
대처할 것인가?

한 가지 오해하지 말아야 할 점은 현대 사회에서 우리가 행할
수 있는 잔인함은 실질적으로 피를 흘리게 하거나 신체적인 고
통을 주는 것은 아니다. 오히려 '잔인하다고 말할 수 있을 정도
의 철저한 주변 관리와 자기 관리'라고 여기는 것이 합당하다.
그 결과 결코 쉬운 사람으로 보이지 않아야만 한다.

대체로 자신의 태도를 뒤바꾸어 배신을 하는 사람들은 자신
이 그렇게 행동해도 문제가 없을 것이라는 생각이 깔려 있다.
즉, 철저한 사람, 쉽지 않은 사람이라는 모습만 보여줄 수 있어
도 어느 정도의 배신은 예방할 수 있다는 이야기다.

그리고 상대방이 어느 정도 믿을 수 있는 사람이라고 판단
되면, 그때부터 자신의 편안한 모습을 보여주고 신뢰를 주어도
괜찮다. 이럴 때 비로소 마키아벨리가 말한 '잘 이루어진 잔인
함'이라는 원리가 작동한다. 처음에는 과도하게 어려운 사람처
럼 보였지만 막상 만날수록 친근한 사람, 처음에는 매우 철저

하게 모든 것을 따졌지만 시간이 흐를수록 믿고 맡겨주는 편안한 사람이라면 마키아벨리가 말한 '잘 이루어진 잔인함'을 만들어낼 수 있다. 매서운 태도나 잔인함이 서로의 공동선과 이익에 부합하다면 말이다.

어떤 면에서 우리 모두는 배신의 담장 위를 위태롭게 걸어가는 사람들이기도 하다. 한쪽 낭떠러지에는 상대방의 배신이 있고, 다른 편 낭떠러지에는 나의 배신이 있다. 내가 배신하지 않으면서도 상대의 배신을 예방해야 하는 긴장된 발걸음이기도 하다. 긴장되는 그 길을 처음부터 너무 편안한 마음으로 걸어가면 위험이 닥칠 가능성이 크다. 그 긴장에 걸맞게 결코 만만치 않은 철저함을 보여줄 수 있어야 배신의 크기와 빈도를 줄일 수 있다. 아울러 그렇게 만만하지 않은 사람으로 자기 자신을 더욱 단련해 갈 때 자신은 물론 상대에게도 이롭다.

6
신뢰는 '실체'라기보다
'인식'에 더 가깝다

"군주는 부하의 충성심을 확보하기 위해 그를 우대하고,

재산을 누리게 하며, 그를 가까이 두고 명예와 관심을

수여하는 등 그를 잘 보살펴야 한다."

- 《군주론》 제22장 -

살면서 가장 가치 있는 덕목을 꼽으라면, 그중에서 결코 빠질 수 없는 것이 바로 '신뢰'일 것이다. 가족 간에, 친구 간에 믿을 수 있는 사람이 있고, 회사에서도 동료들로부터 신뢰를 받고 있다는 생각이 들면 자신감과 안정감이 생기고 삶의 만족도도 높아진다. 성공한 많은 기업인들이 자신의 인생에서 가장 중요한 것을 꼽을 때 '신뢰'라고 답하는 이유 역시 여기에 있다. 신뢰는 보이지 않고 만질 수도 없지만, 결국 돈과 같은 유형의 가치를 만들어내고 풍요로운 삶을 가능케 한다.

마키아벨리는 이러한 신뢰의 힘을 군주가 가져야 할 가장 위대한 덕목 중 하나로 손꼽았다. 시민과 군대의 신뢰를 얻기 위해 군주는 최선을 다해야 하고, 그래야만 권력을 계속 유지할 수 있다고 강조한다. 그리고 그 방법으로 제시하는 것이 바로 '보호'와 '보살핌'이다.

> "귀족들의 호의에 의해서 군주가 되었을 때는 다른 무엇보다 먼저 대중들의 환심을 사려고 노력해야 한다. 이는 당신이 그들을 보호함으로써 쉽게 성취할 수 있을 것이다. 그리고 인간이란 박해를 예상했던 사람으로부터 은혜를 받게 되면 그에게 더욱 애정을 느끼게 마련이다."

> "군주는 부하의 충성심을 확보하기 위해 그를 우대하고 재산을 누리게 하며, 그를 가까이 두고 명예와 관심을 수여하는 등 그를 잘 보살펴야 한다."

마키아벨리의 말을 요약하자면, 결론적으로 필요한 것은 보호와 보살핌, 충돌을 방지하고 문제를 해결하기 위해 노력하는 것들이다. 바로 이러한 행동이 세상에서 가장 강력한 가치 중의 하나인 신뢰를 이끌어낸다.

단, 마키아벨리는 신뢰란 '실체'라기보다는 사람들이 가지고 있는 '인식'에 더 가깝다고 지적했다. 이것은 앞으로도 우리가 살면서 자신에 대한 타인의 신뢰, 그리고 자신이 누군가에게 보내는 신뢰를 어떻게 다루어야 하는지를 잘 알려주는 중요한 포인트다.

신뢰를 형성하는 데
가장 중요한 것

젠거 포크먼Zenger Folkman은 미국에서 가장 유명하고 권위 있는 리더십 컨설팅 회사 중의 하나이다. 이 회사가 무려 8만 7천명의 리더들을 대상으로 '신뢰의 기반이 되는 것은 무엇인가?'를 찾아 나선 적이 있다. 특히 오늘날과 같이 기술 기반 사회일수록 이 신뢰는 무엇보다 중요한 자본이 된다는 가설이 연구의 배경이었다. 연구 결과는 크게 세 가지로 정리되었다. 즉, 신뢰의 기반에는 ① 올바른 판단력, ② 말과 행동의 일관성, ③ 긍정적인 관계의 구축이 가장 크게 작용했다.

앞의 두 가지 항목인 '올바른 판단력'과 '말과 행동의 일관성'은 상식적으로도 이해할 수 있다. 변화가 잦고 빠른 시대이니만큼 다양한 것들을 학습해 '올바른 판단'을 내리는 것은 신뢰의 중요한 요소일 것이다. 두 번째인 '말과 행동의 일관성' 역시 굳이 설명하지 않아도 납득이 간다. 말 따로 행동 따로인 사람을 누가 신뢰하겠는가?

주목할 것은 세 번째다. 여기에서 '긍정적인 관계의 구축'이란 상대에게 관심을 갖고 꾸준하게 소통하며 경조사 등 일상다반사를 챙겨 가는 일반적인 활동을 말한다. 그런데 정말 이런 관계의 구축만으로도 신뢰가 쌓일 수 있는 것일까? 그리고 여기에서 말하는 '긍정적 관계'란 어떤 것을 의미하는 걸까?

젠거 포크만의 연구 결과로 더 들어가 보자. '판단력, 일관성, 긍정적 관계의 구축'이라는 세 가지 요소가 모두 있다면 리더의 신뢰 점수는 무려 80퍼센트에 이르게 된다. 여기에서 일관성이 빠지고 '판단력'과 '관계의 구축'이라는 두 가지 요소만 있어도 신뢰 점수는 60퍼센트에 이를 정도로 높았다.

그런데 흥미로운 사실은 오로지 '긍정적인 관계의 구축'이라는 요소 단 하나만 있어도 신뢰 점수는 50퍼센트에 이른다는 점이다. 연구팀은 긍정적인 관계를 잘 구축하는 사람이라는 인상만으로도 우리는 상대방을 좋은 사람이라고 생각하고, 판단력과 전문성이 있다고 여긴다는 사실을 추가로 설명했다. 물론 반대로 관계가 나쁘면 상대방을 더 부정적으로 인식하고 낮은 점수를 주었다.

'관계의 구축'만으로도 판단력과 전문성을 더 높이 평가했다는 사실은 쉽게 받아들이기 어렵다. 그것이 틀렸다는 의미가 아니라, '겨우 그것만으로?' 하는 생각이 들기 때문이다. 그렇다면 긍정적인 관계의 구축을 위해 어떻게 행동해야 하는지, 기사를 통해 좀 더 자세하게 살펴보자.

- 사람들의 문제와 걱정거리에 대해 관심을 갖고 소통한다.
- 자신의 성과와 타인에 대한 관심 사이에 균형을 유지한다.
- 사람들 간에 협력을 만들어낸다.
- 사람들 간의 충돌을 해결한다.
- 도움을 주는 방식으로 정직한 피드백을 제공한다.[7]

누군가의 고민에 공감을 표현하고, 평소 관심과 소통에 대한 의지를 보이며, 도움을 주려는 제스처를 취하는 것들. 위의 내용은 조금만 신경 쓰면 누구나 할 수 있는 일들에 가깝다. 마키아벨리에 의하면, 이런 것들이 반드시 진심에서 우러난 것일 필요도 없다. 극단적으로 말하면, 그저 긍정적인 관계를 맺으려는 척만 해도 신뢰가 생길 가능성이 크다.

온화한 사람이라는
인상이 주는 효과

하버드대학교 경영대학원 에이미 커디Amy J.C. Cuddy 교수는 "인간은 누군가를 봤을 때 본능적으로 '그가 유능한가 그렇지 않은가'보다 '온화한가 온화하지 않은가' 하는 점을 판단하려고 한다"고 말한다. 여기에서의 온화함이란 좀 더 쉽게 '인간적인 따뜻함(Warmth)'이라고 보면 된다.

커디 교수는 투자자들 역시 매우 잠깐 본 두 사람 중에서도 '온화해 보이는 사람'에게 좀 더 많은 투자를 한다고 말한다. 투자와 같은 냉철한 행위를 하는 데 있어서 '인간적인 따뜻함'이 중요하게 작용한다는 점도 의외의 대목이다.

게다가 이 신뢰는 사회생활에서 매우 놀라운 일들을 가능케 한다. 예컨대 아이디어의 교환과 수용을 촉진하여 사람들이 다른 사람의 메시지를 경청하게 한다. 무엇보다 중요한 것은 신뢰가 사람들의 외형적인 행동뿐만 아니라 태도와 신념까지 변화시킬 수 있는 영향력을 행사하고, 또한 당신의 메시지를 다른 사람이 완전히 받아들이도록 하는 가장 효과적인 수단이라는 점이다.[8]

그렇다면 커디 교수가 말하는 온화함 혹은 인간적인 따뜻함을 보여주는 방법은 무엇일까?

• 마치 친구를 위로할 때처럼 낮은 음정과 볼륨으로 말하면 따뜻한 분위기를 연출하는 데 도움이 된다. 가식 없이 솔직

한 이야기를 나눈다는 느낌의 톤을 연출하라.

- 상대방에게 공감을 표현하라. 사람들이 당신의 말을 경청하고 동의하기 원한다면 먼저 당신이 사람들의 말에 동의해야 한다. 예를 들어, 회사가 대대적인 조직 개편을 진행 중이고 구성원들이 이러한 변화가 끼칠 영향에 대해 깊은 불안감을 느끼고 있다고 상상해 보자. 당신이 리더라면, 공식 회의에서든 사적인 공간에서든 사람들과 대화할 때 사람들의 두려움과 우려를 인정해줄 필요가 있다. 직원들과 시선을 맞추며 "지금 모두가 불안해하고 있다는 것을 잘 알고 있습니다."라고 말해야 한다. 사람들은 당신이 먼저 문제를 언급하는 것을 보고 더 열린 마음으로 귀를 기울일 것이다.

- 진심에서 우러나오는 미소를 지으면 그 따뜻함이 전염된다. 우리는 서로의 비언어적 표현과 감정을 투사하는 경향이 있기 때문에 누군가 진심으로 미소를 지으며 따뜻함을 발산하는 모습을 보면 우리도 미소를 짓지 않을 수 없다.

솔직하고 편안한 대화를 나눈다는 톤을 연출하고, 미소를 지으며 적극적으로 공감의 리액션을 취하며, 상대방의 감정을 보듬어주는 것. 이 정도 노력으로 신뢰라는 대단한 능력을 얻을 수 있다면 열심히 노력해 볼 만하다는 생각이 든다.

신뢰가 박살나기 전
우리가 해야 할 일들

하지만 신뢰에는 매우 중요한 한 가지 특징이 있다. 얻는 것은 쉬울 수 있어도, 한번 깨진 신뢰를 회복하기란 무척 어렵다는 점이다. 그런 점에서 신뢰는 자신이 가진 최고의 자산이라는 점을 다시 한번 명심해야 한다. 혹시나 약간의 문제라도 발견될라치면 깨지기 진에 신속하게 복구하려고 애써야 한다. 이것이 바로 한번 잃어버리면 회복 불능한 신뢰를 다루는 기본적인 태도가 되어야겠다.

또한 이러한 태도를 견지해야만 성공으로 향하는 탄탄한 길이 만들어진다. 오로지 경쟁에 의해 타인을 누르고 내가 우위에 올랐을 때만 성공할 수 있는 것은 아니다. 비록 그러한 성공이 일시적으로 나를 특정한 지위에 오르게 할 수는 있을지언정, 길게 봤을 때는 역경에 취약하고 애정이 식게 되면 결국 버림 받는 결과를 초래한다.

좀 더디더라도 굳건한 신뢰를 기반으로 나를 위해 헌신적인 협력자를 만들고 나를 위해 자신의 영향력을 기꺼이 행사해주는 사람을 만들어 나가야 한다. 그리고 여기에 더해 나를 위한 아이디어를 내주고 진심으로 도와주려는 사람을 만날 수 있을 때 진정으로 탄탄한 성공의 길을 걸을 수 있다. 이 모든 것은 신뢰가 없으면 애초에 꿈도 꾸지 말아야 할 일들이다.

마키아벨리는 신뢰의 유지와 관련해 구체적인 지침 하나를 추가한다. 만약 우리가 '보호와 보살핌'을 기조로 하는 기본적인 자세에 다음과 같은 노하우까지 갖춘다면 보다 단단한 신뢰를 쌓을 수 있을 것이다.

> "군주는 부하로 하여금 오로지 군주에게 의존해야 한다는 점을 깨닫게 한다. 또 이미 얻은 명예와 재산으로 더 많은 명예와 재산을 원하지 않도록 해야 한다. 자신이 맡은 많은 관직을 잃을까 염려하여 변화를 두려워하도록 대우해야만 한다. 만약 부하와 군주가 그러한 관계를 유지한다면, 그들은 서로를 계속 신뢰할 것이다. 반대로 그들이 그렇지 못한 경우에는, 둘 중의 한쪽은 항상 불행한 결과를 맞이하게 된다."

여기에서 핵심은 바로 상대방이 나에게 의존하도록 하는 것이다. 나쁘게 해석하면 일견 가스라이팅과도 유사해 보인다. 그러나 그 본질은 상대를 위해 최선을 다하는 것이라고 할 수 있다. 마키아벨리 시대에 그것은 '더 많은 재산을 원하지 않을 정도의 풍족함, 관직을 잃을까에 대한 걱정이 없는 안정감'이다.

오늘날 우리의 관계에서는 충분히 사랑받고 배려받고 있다는 심리적 안정감, 그리고 풍요로운 생활을 위한 지속적인 노력이 될 것이다. 상사와 부하의 관계라면 칭찬과 강점에 기반한 코칭, 그러한 코칭을 통해 부하가 계속 성장할 수 있도록 잘 이끌어주는 일이 될 것이며, 사랑하는 사이라면 지속적인 애정 표현과 더불어 상대가 원하는 삶을 추구할 수 있도록 생활의 안정을 유지하고 지원하는 것쯤이 될 수 있다.

다른 사람의 신뢰를 얻기 위한 그 모든 노력과 제스처가 진심에서 우러나온 것이라면 더할 나위 없겠지만, 설사 그렇지 않더라도 신뢰란 내가 원하는 것을 얻기 위한 과정에 매우 중요한 무기이자 전략으로 소중히 다뤄야 할 것이다.

7
사랑받기보다
차라리 두려운 존재가 되라

"군주가 음모에 대비할 수 있는 최선의 안전책들 중 하나는

시민에게 미움을 받지 않는 것이다. (…) 시민이 군주에게

호감을 품고 있다면 군주는 음모에 대해서 걱정해야 할 이유가

없지만, 시민이 적대적이고 그를 미워한다면

매사에 모든 사람을 두려워해야만 한다."

- 《군주론》 제19장 -

하늘 위로 솟아오르는 스키점프 선수들의 모습은 보는 것만으로도 속이 시원해진다. 게다가 설원의 아름다운 배경까지 있으니, 우리 인생도 그토록 멋지게 날아오르면 좋을 것이다. 스키점프 선수들이 비탈길을 타고 내려오다 활공 직전에 마지막으로 거치는 과정이 바로 도약이다. 이 도약의 순간이 얼마나 자연스럽고 힘찬가에 따라 활공 시간이 더 길고 유려해진다.

　우리에게도 종종 이런 도약의 순간들이 찾아온다. 그런데 문제는 부실하거나 약해져 버린 도약대는 결정적으로 우리의 발목을 잡아 끌어내리는 방해물이 된다는 점이다. 사회생활에서 자신의 도약대를 약화시키는 것은 바로 주변으로부터의 미움이다. 우리는 미움받는 것을 그저 사적인 감정의 문제로 치부하곤 하지만, 그것은 무시할 수 없는 현실적이고 물리적인 피해를 입힐 때가 많다. 미움은 우리로 하여금 성장의 기회를 빼앗고, 위기의 상황에서 가장 먼저 공격의 대상이 되도록 만든다.

마키아벨리는 《군주론》 곳곳에서 '군주는 시민들로부터 미움과 경멸을 받는 것만큼은 반드시 피해야' 하며 '미움으로 인해 처하게 되는 취약한 상태'에 대해 끊임없이 경고했다. 활공도 제대로 하기 전에 도약대가 취약해져 버리면, 발전과 성장을 담보하기가 꽤나 힘들어진다. 사적인 관계에서의 미움이야 용기로 받아낼 수 있다지만, 사회생활에서의 미움에 대해서는 매우 적극적으로 대처해야 한다.

마키아벨리는 이 미움으로부터 자신을 보호할 수 있는 유력한 수단으로 '두려움'을 제시했다. 미움을 받기보다는 차라리 타인들로부터 두려움의 대상이 되는 게 훨씬 안전하고 현명하다는 이야기다. 단, 이때의 두려움은 누군가에게 위력을 행사하거나 공포, 불안에 빠뜨리라는 이야기가 아니다. 그보다는 오히려 '존경'에 더 가깝다.

미움의 끝…
암살, 쿠데타, 탄핵, 해고와 좌천

미움이 두려운 것은, 그저 아프거나 화가 나는 감정으로 끝나지 않고 매우 위험한 물리적인 변화를 초래하기 때문이다. 마키아벨리의 이야기를 들어보자.

> "군주가 음모에 대비할 수 있는 최선의 안전책들 중 하나는 시민에게 미움을 받지 않는 것이다. (…) 시민이 군주에게 호감을 품고 있다면 군주는 음모에 대해서 걱정해야 할 이유가 별로 없지만, 시민이 적대적이고 그를 미워한다면 매사에 모든 사람을 두려워해야만 한다."

> "황제인 마르쿠스, 페르티낙스, 알렉산데르는 모두 절제하며 살았고, 정의를 사랑하고 잔혹함을 피했으며, 모두 인도적이고 인자했음에도 불구하고 비참하게 최후를 마쳤다. 단지 마르쿠스만이 명예롭게 살다가 세상을 떠났는데, (…) 그는 훌륭한 성품을 가지고 있었기 때문에 대단히 존경받았으며, 그의 재위 기간 내내 군인과 시민을 통제할 수 있었고, 미움받거나 경멸받는 일을 항상 피했다."

누구나 살면서 밉거나 불편하거나 싫은 대상이 있기 마련이다. 이럴 때 우리가 하는 행동은 크게 두 가지다. 아예 그런 감정을 덮어두고 회피하는 것이다. 친구가 미우면 안 보면 그만이라는 식으로 말이다. 그런데 안 볼 수 없는 상태가 되면 결국 그 대상을 눈앞에서 사라지게 만들고 싶어진다. 그래야 감정이 안정되고 집단의 심리를 잠재울 수 있기 때문이다. 정치적으로는 암살과 쿠데타, 탄핵을 통해 리더가 교체되고, 직장에서는 해고를 하거나 눈에서 사라지게 만드는 좌천이 행해진다. 인간관계에서는 '수신 차단'을 하게 된다.

그 어떤 상태이든, 그것을 당하는 사람의 입장에서는 기회가 사라지고 활동의 영역이 좁아지며, 사회적 성공의 가능성이 쪼그라드는 셈이다. 우리가 미움을 받지 않아야 하는 이유는 단지 착해서가 아니라, 성공으로 향하는 최소한의 온전한 도약대를 열어두기 위한 것이다.

결코 미덕이 될 수 없는
미움받을 용기

무엇보다 자기 영역에서 리더가 되고 싶은 사람들은 미움을 보다 적극적으로 멀리 해야만 한다. 심지어 《미움받을 용기》를 집필했던 기시미 이치로 역시 그의 후속작《철학을 잊은 리더에게》라는 책에서 이렇게 이야기한다.

> "미움받을 용기라는 메시지를 보내고 싶었던 사람은 약한 입장에 있는 사람들, 직장에선 직급이 낮은 직원들이다. 그 사람들에게 상사의 안색을 살피지 말고 말할 용기를 내야 한다고 말해주고 싶었다. (반면에) 직급이 낮은 직원에게 미움을 받더라도 말해야 할 것은 말해야만 한다고 생각하는 리더는 갑질을 일삼을 가능성이 높고, 팀원의 생각에 귀를 기울이지 않을 가능성이 높다. 가리스마보다 중요한 것은 언제나 팀원들과의 협력이다."[9]

그러면 미움을 받지 않으려면 착하기만 하면 될까? 정직하게만 살면 우리는 온전하게 평가받으며 안온하게 살아갈 수 있을까? 그러나 여기에는 또 하나의 위험성이 있다. 익히 알고 있듯 인간의 나쁜 본성이 살아나고, 누군가를 공격해야 할 상황이 벌어지면, 이때 착하고 성실한 사람이 가장 먼저 타깃이 될 가능성이 크다. 결국 착하고 성실하게 사는 것만으로 미움이 만들어내는 공격으로부터 자유로울 수 있다고 생각한다면 큰 오산이다. 그래서 마키아벨리가 내세우는 대안은 '두려움'이다.

"현명한 군주는 자신을 두려운 존재로 만든다. 비록 사랑을 받지는 못하더라도 미움을 받는 일은 피해야 한다. 미움을 받지 않으면서도 두려움을 느끼게 하는 것은 얼마든지 가능하기 때문이다."

"인간은 사랑을 베푸는 자를 해칠 때보다는 두려움을 불러일으키는 자를 해칠 때 더 주저하게 된다. 왜냐하면 사랑이란 일종의 감사의 관계에 의해서 유지되는데, 인간은 악하기 때문에 자신의 이익을 취할 기회가 생기면 언제나 그 감사의 상호관계를 팽개쳐 버리기 때문이다. 그러나 두려움은 항상 효과적인 처벌이 되며 공포를 잘 유지할 수 있다. 그리고 실패하는 경우가 거의 없다."

그런데 이 '두려움'이라는 것에 대해서는 좀 더 숙고를 해봐야 한다. 현대 사회에서, 그리고 오늘을 살아가는 사람들이 두려움으로 미움을 예방하고 극복한다는 것의 의미는 과거와는 사뭇 다를 수밖에 없기 때문이다. 누군가에게 두려움을 불러일으키기 위해 무례하게 대하거나, 가스라이팅을 하거나, 혹은 폭력을 휘두를 수는 없다. 이러한 것들은 진정한 의미의 두려움이라기보다는 오히려 전형적인 악惡을 행하는 것이며, 혹은 스

〈Allegory of Fortune〉 Salvator Rosa

"사랑받기보다 두려운 대상이 되는 것이 훨씬 더 안전하다."
두려움과 존경은 한 몸에서 나온다.

스로 무지와 능력 없음을 고백하는 것이나 마찬가지다. 그래서 오늘날 필요한 두려움이란, '리스펙트Respect', 즉 존경에 조금 더 가깝다고 할 수 있다.

두려움과 존경은
한 몸에서 나온다

수많은 신화와 전설에 등장하는 신神들은 대체로 '두려움과 숭배'라는 두 가지 양가적인 감정의 대상이다. 한편으로는 사랑해 마지 않는 숭배의 대상이지만, 또 한편으로는 두려움을 느끼게 하는 존재이다.

북유럽 신화에 등장하는 토르Thor는 천둥과 번개를 관장하는 무시무시한 전쟁의 신이지만, 고기를 잡거나 농사를 짓는 것에 영향을 끼쳐 숭배의 대상이기도 했다. 아즈텍 신화에 등장하는 트랄로크Tlaloc도 천둥과 번개로 두려움의 대상인 동시에 물과 비를 창조하는 풍요의 신으로 숭배받았다. 서아프리카로 가면 바발루 아예Babalu Aye가 있다. 이 신은 질병으로 사람들을 죽음으로 몰아갈 수 있지만, 질병에 걸린 사람을 치유할 수도 있다. 그래서 아프리카 사람들은 그를 극도로 두려워하면서도, 또 다른 한편으로는 극도로 존경하고 숭배한다. 심지어 지금도 코로

나19로 인한 팬데믹의 공포와 치유에 바발루 아예 신이 관여했다고 믿는 아프리카 사람들이 있을 정도다.

대체로 이러한 신화에는 인간들의 집단 무의식이 투영되어 있다는 점에서 애초부터 두려움과 존경은 한 몸을 이루고 있다고 할 수 있다. 그리고 이러한 인식은 오늘날까지 그대로 이어진다. '국민을 두려워한다'는 정치인의 말은 국민에게 불안과 공포를 느낀다는 말이 아니다. 마찬가지로 '하나님을 두려워하라'는 말 역시 하나님에게 공포를 느끼라는 의미가 아니다. 사랑하고, 존경하며, 그러면서도 조심스럽고 또 한편으로는 매우 어려워하는 것을 의미한다.

《군주론》에 나오는 '사랑받기보다는 차라리 두려운 존재가 되라'는 말 또한 우리가 필사적으로 존경을 확보해야 한다는 의미로 받아들여야 한다. 미움받지 않도록 노력하는 것뿐 아니라 사랑받기를 갈망하는 것 또한 모두 부차적이다. 무엇보다 먼저 우리들 자신이 존경받는 대상이 되고 나면 나머지는 다 수월해진다.

나이가 어리다고 존경받지 못할 이유는 없다. 실력과 경험이 부족하다고 무조건 무시받지도 않는다. 견고하게 자신의 길을 걸어가고, 주변의 잡음을 차단하며 자신을 잘 통제하는 사람이라면 충분히 존경을 받고 두려움의 대상이 될 수 있다. 나에 대한 미움을 감당할 필요도 없고, 자신이 사랑받길 기대할 필요도 없다.

"세베루스 황제는 뛰어난 역량으로 인해서 군인들과
시민들의 눈에 탁월한 인물로 비쳤다. 시민들은 놀라움과
경외감을 가지고 그를 바라보았다. 군인들은 그를
존경했으며 만족스럽게 여겼다."

"(체사레 보르자가) 자신의 군대를 명실상부하게 장악하자,
사람들은 그를 더 위대하게 보았으며,
그 어느 때보다 존경했다."

위와 같은 《군주론》의 대목에서 우리는 현대적인 의미에서의 존경의 조건을 뽑아낼 수 있다. 그것은 자신을 잘 관리하고 통제해서 탁월한 역량을 갖추고, 주어진 일을 제대로 끝내며, 어려움에도 굴하지 않고 꿋꿋하게 자신의 길을 걸어가는 모습이다. 이러한 것들이 잘 갖추어진다면 사회에서 성장의 기회를 빼앗기지 않고 공격의 대상도 되지 않는 탄탄한 도약대를 만들 수 있다. 그리고 마침내 유려한 활공을 하게 되리라.

8
격정에 휘둘리는 것을 삼가고
영악한 여우처럼 굴라

"때로 군주는 능숙한 기만자이자

위장자가 되어야 한다."

- 《군주론》 제18장 -

타인으로부터 미움을 받지 않는 것과 함께 또 하나 중요한 것이 있다. 그것은 바로 '나에 대한 왜곡된 판단'을 막는 일이다. 이 왜곡된 판단의 중심에는 늘 잘못된 감정 표현이 자리한다. 누구나 살다 보면 격한 마음이 드는 상황을 겪을 수 있지만, 중요한 것은 그러한 마음을 표현하는 방식이다. 홧김에 격정을 토로한들, 그 이후에는 원하는 바를 얻기가 오히려 더 힘들어진다. 지나치게 감정적인 상태를 주변에서 누군가 보기라도 한다면 더 곤란하다. 그 순간 나는 판단의 대상이 되고, 이미지와 평판은 더욱 떨어지고 말 것이다.

의학적으로도 격정적인 흥분은 우리를 순식간에 전투태세로 만들어 버린다고 한다. 몸은 긴장하고 정신은 예민해진다. 이런 상태에서는 주변의 다른 사람들과 안정적으로 소통하기가 힘들고 더 나아가 부지불식간에 자신을 '불편한 사람'으로 낙인 찍어 버린다.

따라서 나의 이미지를 좋게 하기 위해서는 선하고 착해 보이는 일을 찾아서 하는 것도 중요하지만, 이와 동시에 격정을 완화하고 악영향을 미칠 수 있는 감정 표현을 적극적으로 피하는 일도 중요하다. 마키아벨리 역시 이런 부분을 염두에 두고 '좋지 않은 이미지를 줄 것 같은 일은 다른 사람을 시켜라'고 말한다. 이는 단순히 꼼수를 부리라는 것이 아니라, 직접 나서지 말고 때론 전략적으로 타인에게 판단을 미루라는 이야기다.

판단을 타인에게 미루는
루이 9세의 방법

감정에 휘둘린 채 사람을 대하는 것은 생각보다 훨씬 큰 피해와 후유증을 남긴다. 스스로는 미처 알아차리지 못하거나 혹은 잊어버린다고 해도, 한번 박제된 나쁜 이미지는 계속해서 입에서 입을 통해 회자되기 십상이다. 예를 들어 우리는 나의 친구가 제삼자를 대하는 모습을 보면서 그 친구가 나를 어떻게 대할 것인지를 짐작하곤 한다. 남을 쉽게 험담하거나 타인의 조

그만 실수도 절대 용납하지 않는 사람을 볼 때 어떤 생각이 드는가? 그가 언젠가는 나에게도 똑같이 대하지 않을까 의심이 들 수밖에 없다. 현재 둘 사이에는 아무런 문제가 생기지 않았다고 해도 일방적으로 이미지를 나빠지게 만들 우려가 있다.

하지만 우리는 아직 미숙하기 때문에 감정으로부터 온전히 자유로워지긴 힘들다. AI도 아니고, 매순간 이성적이고 온당하게만 살아간다는 게 오히려 더 비인간적으로 느껴지기도 한다. 이때 마키아벨리는 신생 군주에게 단순하면서도 명쾌한 묘안을 제시한다. 그 방법이란 '나쁜 이미지를 받을 만한 일은 다른 사람에게 넘겨 버리고, 너는 인기 얻을 짓만 골라서 하라'는 것이다. 한편으로는 매우 얄미운 솔루션이라는 생각이 들기도 하지만, 일단 마키아벨리 이야기를 들어 보자.

그는 루이 9세를 사례로 든다. 1,200년대에 활약했던 프랑스의 국왕 루이 9세는 성인으로 추앙받을 정도로 많은 존경을 얻었다. 그런데 그에게도 고민이 있었다. 거만하고 야심에 가득 찬 귀족들이 미웠고 그들의 입에 재갈을 물릴 필요가 있었다. 그런데 문제는 일부 시민들이 귀족에 대해서 호의를 가지고 있었다는 점이다. 귀족을 처벌하자니 시민들이 자신을 비난할까 두렵고, 귀족을 그냥 놔두자니 자신의 위상이 흔들릴 지경이었다. 결국 루이 9세는 '중립적인 제3의 심판 기관'이라고 할 수 있는 고등법원을 만들어 자신은 뒤로 빠진 채 귀족을 견제하고 시민을 보호할 수 있었다. 마키아벨리는 이렇게 설명한다.

> "(루이 9세는) 왕이 직접 적개심을 불러일으킬 필요가 없는
> 중립적인 제3의 심판 기관을 내세워 귀족들을 견제하고
> 시민들을 보호했다. 군주와 왕국 자체를 강화하는 데에
> 이보다 더 신중한 조치나 적절한 제도는 있을 수 없었다. (…)
> 군주는 미움을 받는 일은 타인에게 떠넘기고
> 인기를 얻는 일은 자신이 직접 해야 한다."

마키아벨리는 당시의 프랑스를 일컬어 가장 통치가 잘 이뤄지는 국가라고 추켜세운 바 있는데, 그 이유 중의 하나가 바로 이 고등법원의 존재였다. 그의 표현을 빌리면, '군주의 자유 및 안전의 기초가 되는 수많은 제도' 중의 하나였다. 다만 오늘날 일반인이 별도의 자체적인 사법 기관을 둘 수도 없고, 함께 일하는 사람을 단죄하는 기구를 만드는 것도 불가능하다. 하지만 '누군가로 하여금 대신 판단하게 한다'는 본질을 떠올린다면 방법이 없는 것도 아니다.

고등법원은 루이 9세를 대신해서 판단했고, 그를 대신해서 단죄를 행했다. 그래서 루이 9세는 혹시나 자신에게 미칠 수 있

던 부정적인 이미지로부터 한걸음 물러설 수 있었다.

자신의 판단이 상식적이고 옳다면, 그저 객관적인 사실과 상황을 설명하는 것만으로도 제삼자는 누군가의 잘못을 충분히 알아차릴 수 있고, 당신을 대신해서 그를 욕해줄 수도 있다. 게다가 이 상황을 주변에 널리 퍼뜨릴 수도 있으니, 루이 9세처럼 세련된 방법을 구사한 것이라 할 수 있다. 얄밉다기보다는 지혜로운 쪽에 가깝다 하겠다.

설득과 협상에서의
감정 문제

여기에서 그치지 말고 마키아벨리의 조언을 조금 더 들어볼 필요가 있다.

"때로 군주는 능숙한 기만자이자 위장자가 되어야 한다."

여러 번 말했듯, 바로 이런 표현들이 마키아벨리를 오해하게 만드는 요인이기도 하다. 도덕적이지는 않아도 최소한 도덕을 지향하는 사회에서 기만과 위장은 매우 악한 처신이라고 여겨지기 때문이다. 하지만 우리는 당시 마키아벨리의 입장을 헤아

려야 한다. 그는 수없이 많은 협상을 성공적으로 진행해온 협상의 전문가이자 외교관이었다. 그리고 수많은 협상장에서 사람의 격정적인 표현과 감정의 여과 없는 노출이 어떤 영향을 미치는지를 아주 많이 지켜봐 왔다. 그래서 그는 차라리 감정에 대한 기만과 위장이 오히려 도움이 될 수 있다고 판단했을 수 있다.

즉, 상시적인 기만과 위장으로 살아가는 것이 아니라, 자신의 감정 표현이 부를 수 있는 또 다른 위험을 막기 위한 기만과 위장이라면 충분히 이해해줄 수 있을 법도 하다. 게다가 이 기만과 위장은 현대의 협상 이론에 비추어도 매우 현명한 방법으로 여겨진다.

협상 이론에서 감정 처리는 꽤나 오래되고 고전적인 문제에 속한다. 그리고 결론은 '문제로부터 사람을 분리하라'는 원칙을 세운 것이다. 협상은 오직 그 내용에만 집중해야지, 상대방 협상자에 대한 감정의 문제로 절대 비화하지 말라는 의미이다. 즉, 감정의 분리, 절제, 억제가 협상에서 매우 중요하다는 결론이다.

물론 일견 충분히 타당한 결론으로 보인다. 하지만 협상 전략에 대한 연구가 더 진행되면서 '오히려 감정을 활용하면 훨씬 협상에서 유리하다'는 현대적인 연구들이 도출되었다. 즉, 감정을 완전히 배제하기보다는 충분히 활용하면 보다 진전된 결과를 얻어낼 수 있다는 이야기다. 인간은 어차피 감정의 동물임을 부인하기 어렵다. 따라서 오히려 더 친화적인 감정의 교류와 소통을 통해 협상의 분위기를 상승시키고 이를 통해 더 유리한 결론을 얻어내라는 조언이다.

MIT 경영대학원에서 이런 실험을 한 적이 있다. 실험 참가자들은 창문 너머로 보이는 두 협상가의 모습을 관찰했다. 협상 내용은 들리지 않기 때문에 무엇을 이야기하는지는 전혀 알 수 없다. 오로지 협상가들의 표정이나 손짓, 태도만을 볼 수 있을 뿐이었다. 이렇게 여러 팀의 협상가들의 모습만을 관찰하게 하고, 최종적인 합의 결과를 예측해 보도록 했다.

그 결과 매우 놀랍게도 거의 대부분의 실험 참가자들이 협상의 승패를 정확하게 파악해냈다. 협상 초기부터 격한 대립의 모습을 보여주는 사람들은 거의 실패했고, 그렇지 않은 경우는 거의 성공했던 것이다.

원치 않은 감정의 전염을
막기 위해

이 실험에서 명백하게 알 수 있는 것은, 협상이 아무리 첨예하든 혹은 골치 아픈 것이든 간에 상관없이 일단 서로 유연하게 대화하고 차분한 분위기에서 협상을 진행하면 성공 확률이 매우 높아진다는 점이다. 여기에 연구팀은 '뛰어난 협상가가 지닌 능력'에 대해서 이렇게 결론 내린다.

① 자신과 타인이 느끼는 감정을 파악한다.
② 이 감정이 그들의 사고에 어떤 영향을 미치는지 이해한다.
③ 그 지식을 더 나은 결과물을 얻는 데 이용한다.
④ 감정을 생산적으로 관리하고 목적에 맞게 격화시키거나 완화할 줄 안다.

다시 말해서, 뛰어난 협상가는 감정을 배제하거나 억누르기보다 오히려 최대한 현명하게 활용한다. 어떻게 보면 마키아벨리가 말한 '기만과 위장'에 더욱 가깝다고 볼 수 있다.

감정 표현은 어찌 보면 습관과도 같다. 조금만 신경을 덜 써도 무의식중에 튀어나오는 모양새가 그렇다. 이런 감정을 자유자재로 다룬다는 것이 쉽지만은 않겠지만, 노력할 만한 가치는 충분하다. 격한 감정을 잘 제어하고, 오히려 능수능란하게 감정을 다루는 습관을 들인다면 어떤 좋은 습관 못지않게 우리의 삶에 유리한 무기가 되어줄 것이다.

마음의 작동법에서
내 마음이 다치지 않도록

2부를 마무리하기 전에 한 가지 이야기할 것이 있다. 다른 이들의 마음을 움직이는 일은 내 삶에 큰 도움이 될 수 있지만, 그 과정에서 오히려 내 마음이 다칠 수도 있다는 점을 주의해야 한다. 지나치게 타인의 마음과 시선을 의식하고, 그것에 과도하게 몰입하면 정작 자기 자신을 돌보지 못하는 상황에 처할 수도 있다.

프랑스 철학자 장 폴 사르트르Jean Paul Sartre는 이러한 상태를 "지옥, 그것은 타인들이다."라는 말로 표현한 바 있다. 이는 타인들 자체가 지옥이라는 의미가 아니라 타인들이 우리를 판단하는 잣대로 자신을 판단하는 것, 그것이 바로 지옥이라는 의미이다. 특히나 요즘은 이러한 '지옥'을 체감할 가능성이 더욱 높은 환경이다. 지금 우리 사회에는 온갖 종류의 경쟁이 핏발처럼 돋아 있다. 경쟁에 패배할 경우 타인이 자신을 어떻게 바라볼지에 대해 극도의 경계심과 불안감을 느끼는 사람들이 적지 않다.

서울대학교 학생회관에는 정신건강센터라는 곳이 있는데, 이곳에는 자살 충동을 느끼는 학생들이 24시간 전화 상담을 할 수 있는 '스누콜'이라는 제도가 있다. 이곳에서 근무하는 서울 대 의대 김은영 교수는 "최근 들어 죽고 싶다는 학생이 유난히 많아졌다."고 말한다. 어쩌면 '서울대까지 가서 왜?'라고 생각할지 모르지만, 그 이유는 타인의 시선과 관련이 깊다. 김은영 교수는 한 언론과의 인터뷰에서 이렇게 이야기했다.

"서울대 학생들이 자살을 하면 '그냥 학교를 그만두면 되잖아. 이미 똑똑하니까 다른 걸 해도 먹고 살 수 있잖아?'라고 단순하게 이야기를 하는데 그게 아니에요. 이렇게 살면 내가 어차피 실패한 낙오자가 될 텐데, 그렇게 될 자기 자신을 감당할수가 없는 거예요."[10]

한국 사회의 자살률이 세계 최고인 것은 심각한 경쟁 때문이기도 하지만, 동시에 그 경쟁에서 탈락할 경우 감당해야 할 부모와 친구, 사회의 시선 때문이기도 하다. 한마디로 '타아도취他我陶醉'의 상태라고 볼 수 있다. 여기에서 다시 균형을 잡기 위해서는 결국 건강한 자아도취로 돌아오는 수밖에 없다. 자아도취를 의미하는 나르시시즘은 위험한 성향으로 지적되곤 하지만, 과도하게 기울어진 타아도취의 상태를 되돌리기 위해서는 일정 부분 긍정적인 역할을 할 수도 있다.

건강한 자아도취로의 균형을 되찾는 데 있어서 중요한 것은

'의도적인 행위'이다. 마치 근육을 키우기 위해 의도적으로 특정한 운동을 하고, 폐활량을 늘리기 위해 힘들어도 애써 달리기를 하는 것과 마찬가지이다.

미국의 정신분석학자인 하인즈 코헛Heinz Kohut은 이처럼 의도적인 균형 잡기 과정을 잘 보여준다. 그는 자아의 발달 과정에서 아이와 엄마의 교류와 공감에 주목했다. 아기는 태어나서 가장 완벽하고 결점이 없는 자신을 경험한다. 자신의 눈빛과 울음에 즉각적으로 반응하는 엄마라는 존재를 보면서 자신을 전지전능한 존재로 인식하게 되는 것이다.

하지만 언제까지나 이런 상태로 살 수는 없기 때문에 점차 마음의 평정이 깨질 수밖에 없다. 부모의 손을 놓고 걸음걸이를 배우고 넘어지는 과정에서, 또 엄마로부터 '그건 안돼!'라는 거부의 말을 들으면서 점차 자신이 전지전능한 존재가 아니라는 사실을 깨닫게 된다. 초창기에는 이런 사실에 충격을 받지만, 이때부터 아기는 그 균열과 틈새에 '자기에 대한 사랑'을 채워 넣는다. 그럼으로써 아기의 자아는 다시 평정과 균형을 찾아간다는 이야기다. 만족스러운 상태에서 결핍의 상태로, 그리고 다시 의도적인 노력에 의해 만족으로 나아가는 과정 속에서 우리는 자기애, 정체성, 자존감을 획득하는 것이다.

문제는 이 자기 사랑이 쉬운 일이 아니라는 점이다. 이제까지 자기 자신을 특별히 아끼거나 사랑해 본 적 없고, 자신이 마땅히 사랑받을 만한 존재라고 생각해 본 적 없는 사람이라면 더더욱 어렵다. 나를 사랑하는 일은 세상에서 가장 쉬운 일 같으면서도 한편으로는 매우 낯설고 어렵기만 하다.

하지만 자기 자신에 대한 사랑은 인과 관계를 따지거나 득실을 계산하지 말고 그냥 무조건 해야 하는 행위이다. 사나운 곰이 당신을 향해 성큼성큼 다가온다면 어떻게 해야 할까. 무조건 뛰어야 한다. 내가 어디로 갈지 모른다고 해서 뛰지 않는 바보는 없으며, '과연 이게 정말 효율적인 일일까?'를 고민하는 사람은 뭔가 정신적인 문제를 안고 있다고 봐야 한다. 정상적이라면 무조건 어디로든 뛰고 봐야 한다.

마찬가지로 내 안의 균열과 빈틈을 채우고 인간적 전지전능의 상태로 다시 나아가기 위해서는 '무작정' 자신을 사랑해야만 한다. 아무런 이유도 찾지 말고, 결과도 예측하지 않아야 성공할 수 있다. 타인의 관점으로 나를 판단하는 그 지옥에서 탈출하는 길에서 다른 비상구는 존재할 수 없다.

내 운명과의 싸움에서

단 1%만 이길 수 있다면

: 운명의 여신을 내 편으로 만드는 법

_____ 기왕 무엇인가와 싸워 이길 거라면 압도적인 승리를 거두는 편이 꽤나 통쾌하고 매력적으로 보인다. 하지만 그게 어디 쉬운 일이겠는가. 우리의 일상이나 직장에서 일어나는 대부분의 일들은 그렇게 극적이지 않다. 상황이나 잘잘못은 미묘하고, 기량과 판세는 기껏해야 한 끗 차이다. 민주주의라는 정치 제도에서도 결국 승부는 51 대 49로 결정 난다. 우리가 운명이라 부르는 것들도 결국에는 우연처럼 보이는 작은 차이로 승부가 갈리곤 한다.

따라서 우리가 목표로 해야 하는 것은 딱 1퍼센트를 이기는 일이다. 51 대 49로 그 판 전체의 승리를 가져오면 된다. 이 마지막 1퍼센트는 실력도 실력이지만, 기세로 인해서 판가름 나는 경우가 많다. 힘차게 뻗어나가는 모양새는 나에게는 힘을 주고, 동시에 상대방을 위축시킬 수 있기 때문이다.

마키아벨리가 군대와 시민들의 사기를 강조했던 이유도 바로 여기에 있다. 그는 확고하게 권력의 토대에 서 있는 위대한 군주를 "용맹이 뛰어나서 역경에 처해도 절망하지 않고, 자신의 기백과 정책을 통해서 시민들이 사기를 잃지 않도록 하는 군주"로 정의한다. 한마디로 전투에서 높은 의지력과 결코 물러서지 않는 기세를 지닌 군주만이 가장 확고한 권력을 쥘 수 있다는 이야기다.

다만 이 기세는 한번 꺾이면 회복하기가 좀처럼 쉽지 않고, 계속 후퇴하기 십상이라는 단점이 있다. 개인의 인생에서도 '슬럼프에 빠졌다'고 하는 것은 이 기세가 현저하게 꺾인 상태를 말한다. 따라서 기세를 고양시키는 마음의 태도, 한번 고양된 기세를 흔들리지 않게 유지하는 것은 삶의 전투에 임하는 모든 이들에게 반드시 필요한 일이 아닐 수 없다.

9
세상과의 싸움,
그 승부를 결정짓는 내면의 생태계

"현명한 군주는 적대적인 세력을 부추길 수 있는 기회라면

무엇이든지 교묘하게 활용하고,

정작 군주가 그들을 격파했을 때,

그의 명성과 권력은 더욱 증대된다."

- 《군주론》 제20장 -

신생 군주의 지상 목표가 계속되는 영토의 확장이라면, 우리에게 지상 목표는 계속해서 한 걸음씩 전진하는 것이다. 더욱 단단하고 성숙해지는 쪽이든, 더 높은 성취를 향해서든, 우리는 자신이 목표로 하는 가치에 조금씩 더 가까워지기를 꿈꾸며 하루하루 살아간다.

그리고 계속 전진하려면, 우리 내면의 열정과 자신감이 활활 타올라 꺼지지 않는 장작이 되어주어야 한다. 겉으로 드러나는 실력과 환경도 중요하지만, 그 모든 현실의 조건들을 훌쩍 뛰어넘기도 하고 또는 무력하게 만들어 버리기도 하는 것이 바로 인간 내면의 힘이다. 세상을 향해 뻗어 나가고 싶은 꿈과 열정은 내면의 강함에 의해서 좌우되며, 내면에서 형성되는 자기효

능감, 자신감, 자존감 등의 심리적 자산에 의해서 유지되기 때문이다.

마음을 제어할 줄 아는 것이
능력인 이유

스마트폰이나 전기차의 배터리 핵심 소재 중 하나는 분리막 Separator이다. 이는 양극과 음극 사이에 존재하는 얇은 막으로, 배터리의 기능을 가능하게 할 뿐만 아니라 과열이나 외부의 충격을 막는 안전판의 역할도 한다.

우리의 마음에서 이러한 분리막의 역할을 하는 것이 바로 '내면'이다. 이 내면은 스스로 의지를 갖고 적극적으로 관리하지 않으면 외부의 자극에 너무 쉽게 휘둘리거나 때론 무너지고 만다. 화가 나는 일이 생기면 금세 부정적인 감정에 사로잡혀 주체를 못하게 되고, 조금이라도 무시당하는 것 같으면 치욕적인 감정으로 아무것도 하지 못하는 상태에 놓이고 만다.

반면, 내면이 좀 더 성숙하거나 잘 관리되어 있다면 외부의 자극에 의한 충격과 흔들림이 덜할 수 있다. 즉, 우리 마음속 내면은 일종의 필터링의 역할을 한다고 볼 수 있다. 똑같은 상황에 처해도 이 내면의 필터링에 따라 사람들의 반응은 극과 극으로 갈리곤 한다.

마키아벨리는 '필요에 따라서' 자신의 감정을 얼마든지 조절할 수 있어야 한다고 말한다. 설사 거슬리는 진실을 듣더라도 화내지 말고 참을성 있게 대처해야 한다.

> "군주는 주변 사람에게 정보와 의견을 구하고
> 자신이 제기한 사안에 대한 솔직한 견해에 참을성 있게
> 귀를 기울이는 자세가 되어 있어야 한다."

결국 내면이란 내가 세상과 맞닥뜨리는 불꽃 튀는 접점의 장소이며, 전투와 교류, 협상과 화해가 이루어지는 장소이다. 이 내면을 좀 더 자세히 들여다보아야 하는 이유는, 내가 원하는 꿈과 목표가 결코 방구석에서 성취되지 않기 때문이다. 그 어떤 이유에 의해서건 우리는 필수적으로 세상과 맞닥뜨려야 하는데, 그 세상과의 접점에서 가장 선봉장에 선 것이 바로 우리의 내면이다. 그래서 내면의 관리는 아무리 강조해도 지나치지 않다. 소중하게 보호하자는 의미만이 아니다. 그것을 어떻게 능숙하게 다루고, 다치지 않게 하며, 더 나아가 단단하게 만들지가 중요하다. 스펙을 쌓고 실력을 키우는 것 이상으로 정말 중요하다.

동서양의 현자들이
한결같이 강조하는 것

하버드경영대학원 테레사 아마빌레Teresa Amabile 교수는 45년간 창의성과 혁신의 분야에서 많은 성과를 이뤄낸 인물이다. 미국의 여러 권위 있는 학회에서 우수학자상과 평생 공로상을 받기도 했다. 그런 그녀가 '직장생활의 내면 상태(Inner work life)'에 관한 연구를 한 적이 있다. 연구 대상은 총 7개 기업의 신사업 팀에서 근무하는 238명의 직원들이었다. 아마빌레 교수는 그들이 매일 쓴 1만 2천 개의 일기를 통해 직장생활에서 어떤 일이 있었으며, 그로 인해 내면이 어떻게 형성되어 가고, 또 그것이 일에 어떤 영향을 끼쳤는지를 연구했다.

그 결과 내면의 상태가 긍정적일 때는 일이 잘 진전된 반면, 그렇지 않은 경우에는 일의 진척도도 현저하게 떨어지는 것이 확인됐다. 여기서 내면의 상태가 긍정적이라는 의미는 자신이 하는 일의 의미를 알고, 자신은 그 일을 잘해낼 수 있다는 자신감이 있어서 밝고 흔쾌한 상태의 마음이다. 그런데 여기에서 중요한 것은 '무엇이 그러한 긍정적인 내면을 만드는가?' 하는 점이었다. 그녀의 결론은 '작은 성공(Small Win)'이었다. 이 작은 성공은 일을 많이 하거나 거대한 일을 통해서 성취되는 것이 아니다. 말 그대로 남들이 볼 때는 사소한 것처럼 보일 수 있어도 본인에게는 만족과 성취를 주어 큰 의미로 작용하는 것을 말한다. 이 작은 성공들이 모여 긍정적인 내면을 만들어내는 것이다.[11]

결과적으로 전진하고자 하는 이는 반드시 긍정적이면서도 단단한 내면을 만들고, 그 내면으로 세상과 교류하면서 수많은 자극들을 한껏 흡수하고 소화해내야 한다. 이것은 마치 세균이나 바이러스에 의해서 신체의 면역력이 조금씩 더 강해지는 원리와 같다. 이때 세상으로부터의 자극을 마키아벨리는 '더 높은 곳으로 오르게 하는 사다리'라고까지 말한다.

> "자신에게 닥친 시련과 공격을 극복할 때 군주가
> 위대해진다는 것은 의문의 여지가 없다. 이러한 이유로
> 운명의 여신은 신생 군주의 권력을 증대시키기 원할 때
> 오히려 적들을 지원한다. 그 결과 군주는 적을 격파하게 되고,
> 마치 그의 적이 그에게 사다리를 제공한 것처럼
> 더욱 높은 곳으로 올라가게 된다."

흥미로운 사실은 이렇게 세상의 자극과 인간 내면의 교류가 만들어내는 결과를 설명하는 데에는 동서고금의 자료가 일치

한다는 점이다. 1980년대 발표된 파울로 코엘료의 《연금술사》와 그보다 1,600년 전에 살았던 맹자의 《고자장告子章》이 그 예이다.

"누군가 꿈을 이루기에 앞서 만물의 정기는 언제나 그 사람이 그동안의 여정에서 배운 모든 것을 시험해 보고 싶어 하지. 만물의 정기가 그런 시험을 하는 것은 악의가 있어서는 아니네. 그건 자신의 꿈을 실현하는 것 말고도, 만물의 정기를 향해 가면서 배운 가르침 또한 정복할 수 있도록 하기 위함일세."

―《연금술사》

"하늘이 장차 그 사람에게 큰일을 맡기려고 하면, 반드시 먼저 그 마음과 뜻을 괴롭히고 근육과 뼈를 깎는 고통을 주고, 몸을 굶주리게 하고, 생활은 빈궁에 빠뜨려 하는 일마다 어지럽게 하느니라. 그 이유는 그의 마음을 흔들어 참을성을 기르게 하기 위함이며, 지금까지 할 수 없었던 그 어떤 사명도 감당할 수 있게 하기 위함이라."

―《고자장》

마키아벨리와 파울로 코엘료, 그리고 맹자는 시대와 국적이 모두 다르지만, 한결같이 '운명의 여신 - 만물의 정기 - 하늘' 이라는 존재를 통해서 인간의 내면이 더욱 강하게 단련된다는 점을 강조했다. 어쩌면 이것은 세상의 법칙인지도 모른다. 즉, 우리들이 스스로 끌어올리려고 하는 의지나 열정이라는 게 마냥 그렇게 견고하기란 쉽지 않다는 이야기다. 세상과 나가서 직접 부딪혀 보고 배우는 시간들, 계속되는 단련의 현장에서 비로소 내면의 힘도 더욱 강해지는 것이다. 마음은 세상과 멀리 떨어진 고요한 곳에서 저 홀로 그냥 단단해지는 것이 아니다.

꿈을 크게 꾸어야 하는
진짜 이유

우리의 목표인 '계속되는 전진'을 위한 또 하나의 중요한 방법은 '꿈을 크게 꾸라'는 조언이다. 하지만 이는 단순히 '호랑이를 그리려다 안 되면 개라도 그릴 수 있으니 좋지 않은가' 하는 식의 스토리로 접근하면 무언가를 크게 놓치는 셈이다. 꿈은 '양에 관한 전략'이 아니라 '질에 관한 전략'이기 때문이다.

마키아벨리에게 꿈은 타인들과의 연결이며 매개체이자, '우리'를 단결시켜 주는 코어이다. 내가 꿈을 크게 꾸는 것은 동료와 파트너를 나에게 집중시켜 단결을 더욱 강하게 하고, 그럼으로써 더 큰 힘을 발휘하기 위한 것이다.

이와 관련해 마키아벨리는 스페인의 신생 군주 페르난도 2세의 이야기를 전한다. 그는 페르난도 2세를 "약소국의 군주로 출발해 기독교 세계에서 가장 유명하고 영광스러운 왕이 되었으며, 모든 업적이 매우 주목할 만하고 그중에서 어떤 것은 타의 추종을 불허한다."고 평가했다.

처음 페르난도 2세가 전쟁을 시작한 것은 스페인 남부에 있던 이슬람 왕국인 그라나다에 대한 공격이었다. 그리고 그의 공격은 가히 파죽지세로 이어졌다. 아프리카, 이탈리아, 프랑스로 진군하며 쉴 새 없이 몰아쳤다. 이 대목에 대해 마키아벨리는 이렇게 평가했다.

"(페르난도 2세는) 항상 거창한 일들을 계획하고 성취했는데, 이로 인해서 그의 시민들은 항상 사태의 귀추를 주목하면서 긴장과 경이감에 사로잡혀 있었다. 그리고 그의 이러한 행동은 쉴 새 없이 계속되었기 때문에 어느 누구도 그에게 반란을 시도할 만한 시간적 여유조차 가질 수 없었다."

커다란 꿈, 거창한 계획은 주변 사람들로부터 '긴장감과 경이감'을 불러일으키며 강력한 단결을 유도해낸다. 마키아벨리에 따르면, 군주들은 전쟁 자체가 목표가 아니라 그 전쟁으로 생길 수 있는 명성과 권력의 확대를 위해 전쟁을 일으킨다고 말한다.

> **"현명한 군주는 적대적인 세력을 부추길 수 있는 기회라면 무엇이든지 교묘하게 활용하고, 정작 군주가 그들을 격파했을 때 그의 명성과 권력은 더욱 증대된다."**

결국 꿈을 크게 그리고, 그것을 대대적으로 공표하면서 주도적으로 나아가며, 그렇게 함으로써 주변 사람들을 자기 자신에게 집중시키라는 것이다. 그러면 모두의 경탄을 자아내고, 당신이 가진 꿈의 크기를 높이 평가받게 될 것이라는 얘기다.

결국 꿈은 그 사람의 마음속에서만 머무는 것이 아니라 세상과 교류하는 과정 속에서 내면을 더욱 강하게 밀어붙이는 계기가 된다. 앞에서 꿈은 '양에 관한 전략'이 아니라 '질에 관한 전략'이라고 말한 이유가 바로 여기에 있다.

물론 이쯤에서 한 가지 걱정이 들 수 있다. '만약 그 꿈이 실패하면 어쩌지?' 하는 두려움이다. 그러나 실패가 확정되는 것은 포기가 확정되었을 때이다. 만약 포기하지 않고 계속해서 다음의 꿈으로 전진하게 되면 집중력은 충분히 유지될 수 있다. 게다가 실패는, 제대로 복기하기만 하면 반드시 더 나은 방법을 구상할 수 있는 계기가 되기 때문에 자신을 한층 더 업그레이드하는 데에도 도움이 된다. 비록 일시적으론 틀어지고 거꾸러져도, 계속하다 보면 충분히 의미 있는 기회를 만들고 전진을 맛볼 것이다.

어쩌면 숱한 '열정과 꿈'의 반복적인 강요에 의해 지쳐 있을 수도 있다. 그리고 어쩌면 이미 너덜너덜해진 내면의 상태로 인해 워라밸 속에서 힐링을 취하고 있을지도 모르겠다. 그러나 열정과 꿈은 죄가 없다. 단지 그것을 유지하고 발현시킬 최적의 내면이 만들어지지 않은 상태에서 너무 과도하게 달리기를 강조해온 사회적 분위기가 문제이다. 어느 정도 쉬었다면, 이제 다시 열정과 꿈을 부여잡아 보자. 무어라 한들, 열정과 꿈이 없이 이뤄지는 일은 아무것도 없지 않은가.

10
모두 태워 버리거나 따뜻하거나, 불꽃을 대하는 우리의 자세

"귀족은 시민의 압력을 감당할 수 없을 때, 자신들 중의
어느 한 사람을 지원하고 추대하여 지배자로 만든 다음에
그의 보호하에서 자신들의 욕망을 충족시키려고 한다."

- 《군주론》 제9장 -

마키아벨리적 사고의 가장 큰 특징 중 하나는 일종의 '유토피아'를 전제하지 않는다는 점이다. 인간을 선한 존재로 묘사하거나 인간이 해낼 수 있는 최선의 상태를 가정하지 않는다. 혹은 '꼭 이래야 한다'라는 절대적인 원칙이 존재한다고 말하지도 않는다. 그는 이 모든 낭만적인 전제와 가정을 부인한 채, 그저 묵묵하고 묵직하게 지금 자신의 눈앞에 펼쳐진 현실을 바라보고 그 현실에서 해법을 찾을 뿐이다.

비유하자면 외과 수술을 하는 의사와 비슷한 입장이다. 당장 피를 멈추거나 산소가 공급되어야 하는 상황에서는 그 어떤 가정이나 전제가 필요 없다. 일단 피를 멈추게 하는 것, 일단 산소가 공급되는 것 자체가 중요하기 때문이다. 서양철학의 시작인 플라톤부터 순수하고 완전한 형태이며 영원불멸하는 실재인 '이데아'를 전제로 했다는 걸 떠올려보면, 마키아벨리는 꽤나 전복적인 사고를 갖춘 용맹한 사람임에는 틀림없다.

이러한 사고방식은 일상에서 우리를 자주 괴롭히는 갈등 상황에도 냉철한 조언을 전해준다. 사실 우리들의 평범한 나날은 크고 작은 갈등의 연속이다. 상사, 후배, 친구, 연인, 배우자, 부모와의 갈등과 문제 해결이 우리 삶을 규정한다고 해도 과언이 아니다. 따라서 이 갈등을 어떻게 바라보고 다루느냐는 삶에 있어서 무척 중요한 이슈임에 틀림없다. 그런 점에서 이 갈등을 없애야 할 것이 아니라 하나의 동력으로 삼는 마키아벨리의 사고는 유익하다. 비록 파괴적으로 치닫는 갈등이라 해도, 그것을 막을 수 있는 지혜로운 조언까지 마키아벨리는 함께 전한다.

갈등이 알려주는
매우 유용한 정보들

'불꽃'은 그 자체만으로 우리를 두렵게 하지는 않는다. 불꽃이 풀숲으로 튀면 커다란 산불을 일으키고 인명을 살상하지만, 우리 집 주방의 가스레인지 안에서 잘 관리되면 따뜻하고 맛있는 음식을 만드는 고마운 에너지가 된다.

'갈등'은 이 불꽃을 닮았다. 잘못하면 누군가를 헤칠 수 있는 분노의 원인이 될 수도 있지만, 잘만 관리하고 조정한다면 오히려 갈등 상황에서 적나라하게 드러나는 상대방의 심리와 욕망을 알아챌 수 있고, 그것을 활용하여 관계의 반전을 가져오게 할 수도 있기 때문이다. 그러니 불꽃에게 그러하듯, 갈등 그 자체에 대해서도 절대 있어서는 안 될 것이라고 금기시할 필요가 없다.

마키아벨리의 입장이 그러했다. 그는 정치의 영역에서 갈등이 잘 관리되고 정비만 된다면, 시민의 자유와 공화정의 위대한 시스템을 마련하는 데 큰 도움이 된다고 봤다. 심지어 그는 갈등이 균형을 만들어내고 민주주의를 가능케 하는 원동력이라고 봤다. 마키아벨리의 다음과 같은 말에서 '압박과 저항'이라는 갈등의 요소가 특정한 변화를 일으키는 것을 확인할 수 있다.

> "귀족은 시민의 압력을 감당할 수 없을 때, 자신들 중의
> 어느 한 사람을 지원하고 추대하여 지배자로 만든 다음에
> 그의 보호하에서 자신들의 욕망을 충족시키려고 한다. 다른
> 한편으로 시민은 귀족에게 저항할 수 없음을 깨달을 때,

> 자신들 중의 한 사람을 지원하고 추대하여 지배자로 세운
> 다음에 그의 권위를 통해서 자신을 보호하려고 한다."

군주와 귀족, 시민들 사이에 발생하는 갈등, 그리고 그것이 만들어내는 압박과 저항이 정치적 지형 변화의 원인이라고 할 수 있다. 우리의 일상도 이와 별반 다르지 않다. 누군가와 갈등이 생긴다는 것은 상대방의 취향, 성격, 욕망의 크기 등을 알아낼 수 있는 매우 좋은 기회이며, 그것을 잘 활용하면서 전략의 변화를 꾀할 수 있다.

마키아벨리는《로마사 논고》에서 갈등이 일어나는 원인에 대해 이렇게 설명하고 있다. 그의 글을 찬찬히 들여다보면 갈등은 상대방이 무엇을 원하는지, 얼마만큼 원하는지, 현재 만족을 하는지 못하는지, 무엇을 잃기 싫어하는지를 알려준다.

> "갈등과 분쟁이 일어나는 이유는 원하는 것을 얻을 수 있는
> 힘보다 욕구하는 힘이 언제나 훨씬 더 크기 때문이다.
> 또한 자신이 가지고 있는 것에도 스스로 만족하지 못할
> 뿐만 아니라 오히려 불만을 느끼기 때문이다.
> 어떤 사람들은 가지고 있는 것 외에 더 많은 것을 원하고,
> 어떤 사람들은 지금 가지고 있는 것을 잃고 싶지 않기 때문에

상대방의 적나라한 욕망은 평소에는 쉽게 드러나지 않는다. 설사 상대방이 '나는 이러이러한 사람이야'라고 말한다고 해도 그것이 진실이라는 보장은 없다. 갈등이 만들어내는 상대방의 흔들리는 눈빛, 날카로운 목소리, 거친 행동을 보면서 우리는 민감한 정보들을 알아챌 수 있고 상대를 더 깊이 이해하게 된다.

중요한 것은 이것을 내 사고의 전환을 꾀하는 계기로 활용하고자 하는 의지이다. 현대 경영학의 대가로 불리는 톰 피터스Tom Peters는 "두 사람이 업무에 대해 항상 같은 의견을 가지고 있다면 그 중 한 사람은 불필요한 사람이다."라고 이야기했다. 더 나아가 "갈등이 없는 조직은 죽은 조직이다."라고까지 말했다. 이 말은 곧 갈등이 없는 인간관계 역시 죽은 관계나 다름없다는 뜻이다.

일본의 자동차 회사 닛산의 디자인 센터에서는 이 갈등을 최대치로 활용한 경영 전략을 구사하기도 했다. 그들은 '상반된 2인조'라는 개념을 통해 전혀 생각이 다른 두 명을 한 팀에 있게 하고 디자인 업무를 진행하게 했다. 그 결과 수많은 갈등이 있었지만, 그 이상으로 매우 탁월한 디자인을 발표하며 세계인을 매료시킬 수 있었다.[12]

갈등을 제거하기보다
관망하는 것이 나을 때도 있다

다만 갈등이 불꽃과 다른 점은 종류가 다양하다는 점이다. 불꽃이야 그저 순수한 불꽃이지만, 갈등은 구조에 따라서 누구한 명이 패배해야 끝나는 전력투구의 갈등이 있는가 하면, 반대로 잘만 조절하면 개선의 여지가 있고 더 나아가 상태를 호전시킬 수 있는 갈등이 존재한다. 그리고 당장은 뚜렷한 해결 방법을 찾기 어려운 애매한 갈등이라는 것도 있다.

우선 일상 속에서 일어나는 대부분의 갈등은 누군가를 반드시 패배시켜야 하는 전력투구의 형태로 발생하지 않는다. 설사 그런 갈등이 있다 하더라도 대체로 소송이나 물리적 폭력이 오가는 상황이라 일회성으로 끝나는 것들이다. 사실 우리가 더욱 자주 부닥치는 갈등은 그것을 대하는 자세와 풀어가려는 노력 여하에 따라 얼마든지 통제가 가능한 형태의 것들이다.

《군주론》에는 '딱히 해결 방법이 떠오르지 않는 애매한 갈등'에 대처하는 방법에 대한 언급도 있다. 마키아벨리는 매우 의외의 방법을 제시하는데, 그것은 바로 '시간 끌기'라는 전략이다. 언뜻 치사해 보이는 이미지도 있다. 문제를 빨리 해결하려고 하지 않고 방치하는 것처럼 보이기 때문이다. 하지만 이 시간 끌기는 의외로 매우 과학적이면서 효율적이다.

마키아벨리가 이러한 전략을 터득한 것은 풍전등화의 위기에 몰린 조국 피렌체를 살리기 위해 프랑스와 협상을 해야 했을 때다. 당시 피렌체는 프랑스의 군사력이 꼭 필요했고, 이를 위해 거액의 용병료를 지급했다. 하지만 그럼에도 프랑스는 약속을 지키지 않는 것은 물론 더 많은 금액을 요구하는 등 상식 밖의 행동을 이어 갔다. 마키아벨리로서는 보통 난감한 일이 아니었다. 특히 그는 전형적인 을의 입장이었다. 프랑스의 군사력이 없으면 피렌체가 침략을 당해도 견뎌낼 군사적인 힘이 부족했기 때문이다.

그때 마키아벨리는 오히려 시간을 끌면서 프랑스의 요구에 전적으로 응하지도 않고, 그렇다고 협상을 깨뜨리지도 않는 자세를 취했다. 그 결과 결국 다급해진 것은 프랑스 측이었다. 막판에는 프랑스가 고개를 숙여 협상에 진지하게 응해왔고 마키아벨리는 외교적 싸움에서 큰 승리를 할 수 있었다.[13]

사실 마키아벨리가 명민하게 작전을 썼다고 보지 않을 수도 있다. 도대체 뭘 어떻게 해야 할지 모르겠고 딱히 좋은 방법도 없는 상태에서 시간이 흘렀고, 그것이 우연하게 협상의 승리를 가져다준 것 아니냐고 반문할 수도 있다. 하지만 마키아벨리는 양쪽의 갈등 상황에서 어느 한쪽을 선택하는 것이 오히려 갈등을 심화시키거나 자신에게 이익이 뚜렷하지 않다고 판단될 경우 잠시 결정을 미루고 시간을 끄는 것도 전략이라고 본 것이다.

현대의 협상 전략 연구에서도 이러한 시간 끌기는 상대를 압박하는 매우 훌륭한 방법으로 꼽힌다. FBI에서 위기협상 팀의 팀장으로 있던 게리 노에스더Gary Noesner는 《Staliing for Time(시간 끌기)》[14]이라는 책에서 이렇게 말했다.

"보통 인질범은 인간관계의 문제나 실직 때문에 우발적으로 인질극을 벌일 때가 많다. 인질범의 분노는 시간이 지나면 수그러들 수 있다. 따라서 협상팀은 시간을 끄는 일을 자신들의 최우선 과제로 인식한다. 시간이 흐를수록 인질범과 협상팀은 극단적 사태를 피하고 협력을 통해서 더 나은 대안을 만들 수 있는 가능성이 커진다. 비즈니스 협상에서도 마감 기한이 유용한 도구가 될 수 있다. 다만 협상이 과열될 때는 잠시 쉬는 시간을 갖거나 다음 날로 연기하는 게 좋다. 시간 지연은 각 참가자가 화를 삭이고 더 건설적인 방법을 찾게 하는 유용한 도구다."[15]

시간을 끌기 시작하면 상대방의 의지가 꺾이기 시작하고, 상대는 심리적으로 다급해지면서 설사 자신이 손해를 보더라도 빠르게 문제를 해결하고 싶어진다. 물론 내 쪽의 의지가 꺾이고 나의 마음이 다급해지는 위험성도 동시에 존재한다. 하지만 애초에 시간 끌기 전략을 쓰기로 마음먹었다면, 최대한 시간에 대한 압박을 내려놓고 여유 있게 다른 기회를 엿보는 것이 필요하다.

감정은 밀려왔다가, 반드시 밀려 나가는 특성이 있다. 파도가 밀려오는 모습을 딱히 기뻐해야 할 이유가 없듯, 파도가 밀려가는 모습에도 특별히 슬플 이유는 없다. 감정은 계속해서 밀려오고 밀려날 뿐이다. 그런 점에서 우리는 감정에 대해서 아주 중립적이고 객관적인 태도를 갖추기 위해 노력할 필요가 있다. 지나치게 흥분할 필요도 없고 동시에 너무 억누를 필요도 없다. 감정에 압도당하지 말고, 그 감정이 나에게 전하는 메시지가 무엇인지를 캐치해내는 것이 현명하다.

주변 사람과 어떤 갈등이 시작되면, 이제 막 불꽃이 생기기 시작했다고 생각하자. 아직 아무런 결과도 예상할 수 없고, 그 불꽃을 감정적으로 바라볼 필요는 더더구나 없다. 그런데 우리는 보통 갈등이 발생하면 상대방의 말과 태도에 먼저 주목한다. '저 사람이 나에게 왜 저러지?', '정말 짜증나게 하네', '도저히 못 참겠어' 하는 감정적인 생각들이 머릿속을 가득 채우는 것이다.

하지만 정작 이때부터 봐야 할 것은 바로 나 자신이다. 갈등이야 어차피 일어난 것이기에, 이제부터는 내가 어떻게 하느냐가 이후의 양상을 결정한다는 것을 잊으면 안 된다. 내가 그 갈등의 불꽃을 어떻게 대하고 다루느냐에 따라 다 태워 버리거나, 아니면 따뜻해지거나 둘 중의 하나가 되기 때문이다.

11
운명을 거스르는 힘,
끊임없이 나로부터 도망가는 능력

"운명은 가변적인데 인간은 유연성을 결여하고

자신의 방식을 고집한다. 따라서 인간의 처신 방법이

운명과 조화를 이루면 성공하게 되고, 그렇지 못하면

실패해서 불행하게 된다고 결론내릴 수밖에 없다."

－《군주론》제25장 －

마키아벨리는 수많은 성공한 군주와 실패한 군주의 사례를 분석하며《군주론》을 집필해 나갔다. 특히 그는 과거 실패한 권력자들의 뼈아픈 사례를 반면교사로 삼고자 노력했는데, 그 과정에서《군주론》의 핵심 개념 가운데 하나인 '프루덴차Prudenzia'가 탄생하였다.

프루덴차는 시대와 상황의 변화를 알아챌 수 있게 하는 인식 능력을 일컫는 말로 그때그때 새로운 목표의 달성을 가능하게 하는 실천적인 지혜를 의미한다. 영국의 정치 사상가 퀜틴 스키너Quentin Skinner는 마키아벨리가《군주론》에서 스스로 정의를 내린 유일한 개념이 바로 이 프루덴차라고 해석하기도 했다. 이미 잘 알다시피《군주론》곳곳에서 마키아벨리는 변화하는 상황에 대한 적응성과 유연성을 강조하였다. 다만 프루덴차라는 개념 안에는 단순히 '변화에 적응해야 살아남는다'는 것 이상으로 적극적이고 주도적인 의미가 내포되어 있다. 복잡한 정치 상황과 시대 변화에 따라 주도면밀하게 새로운 기회를 포착해내는 능력에 가깝다.

훌륭한 궁수는
왜 과녁보다 '좀 더 높이' 화살을 쏠까?

군주가 실패하는 원인은 매우 다양하다. 힘이 약해지거나, 강력한 적국이 등장하거나 혹은 반란 때문이다. 그러나 마키아벨리는 그 모든 원인은 표면적일 뿐, 군주가 어려움에 처하거나 실패하는 배경에는 프루덴차가 작용한다고 봤다. 즉, 아무리 군주 개인의 역량이 뛰어나다고 해도 시대와 상황에 의해 그의 목표는 좌절될 수 있다는 이야기다. 우선 많은 군주의 실패를 들여다본 마키아벨리의 결론부터 들어 보자.

> 어떤 군주의 성격이나 능력은
> 전혀 변하지 않았음에도 불구하고, 오늘은 흥했다가
> 내일은 망하는 모습을 목격하게 된다. (…)

나는 군주의 대처 방식이 시대의 상황에 적합할 때
성공하고, 그렇지 못할 때 실패한다고
믿는다.

어떤 사람이 참을성 있게 행동하고 시대와 상황이 그의
처신에 적합한 방향으로 변화하면 그는 성공할 것이다.
그러나 시대의 상황이 다시 변하면, 그는 자신의 방식을
변화시키지 않았기 때문에 실패할 것이다.
그리고 충분히 이런 변화에 맞추어 행동하는 방법을 알 만큼
지혜로운 사람을 발견하는 것은 어렵다.

항상 변화를 빠르게 인식하고 거기에 능동적으로 대처하면
오죽 좋겠는가마는 마키아벨리가 보기에 인간은 그 자신이 가
진 유한성 때문에 그것이 결코 쉽지만은 않다. 기질, 성격, 기존
의 행동 방식 등이 우리를 지배하기 때문에 언제나 비슷한 방
식으로 사고하고 행동하는 경향이 있기 때문이다. 그는 이렇게
말한다.

우리의 타고난 기질이 그러한 변화를 용납하지 않거나,
아니면 과거에 일정한 방법으로 행동함으로써 항상 성공을
거두었기 때문에 자신의 방법을 변화시키는 것이

좋지 않다고 생각한다. 느린 사람이 신속하게 행동해야 하는
상황에 처하게 될 때 그는 어떻게 행동해야 할지를
알지 못하고, 이로 인해서 실패하고 만다.
그러나 만약 그가 시대의 상황에 알맞게 자신의 성격을
변화시킬 수 있다면 운명은 변화할 것이다.

다가올 변화를 알아차리고, 변화한 상황에서도 자신의 목표를 잃어버리지 않기 위해서는 또 다른 역량을 길러야 한다. 이를 좀 더 쉽게 이해하기 위해 마키아벨리는 '유능한 궁수'에 관한 비유를 들고 있다.

유능한 궁수는 멀리 있는 목표물을 향해 활을 쏠 때 과녁보다 '조금 더 위로' 활을 겨냥한다. 거리가 먼 만큼 중간에 화살의 힘이 떨어질 것이 분명하기 때문이다. 즉, 화살의 힘이 약해질 수밖에 없는 '변화'를 염두에 두고, 그것을 극복하기 위해 '조금 더 위로' 활을 쏜다는 이야기다. 바로 이러한 행동이 변화하는 시대에도 자신이 애초에 목표했던 것을 실효적으로 달성해내는 지혜, 프루덴차이다.

따라서 이 프루덴차의 내용 자체는 텅 비어 있다고 봐야 한다. 그때그때 상황에 따라 유연하게 달라지기 때문이다. 때로는 관대함일 수도 있고, 냉정함일 수도 있으며, 때로는 약속 따위는 저버리는 비정함일 수도 있다.《군주론》안에서 곧잘 선과 악이 뒤바뀌고 이분법이 무너지는 것은 바로 시대와 상황을 냉정하게 관찰하고 대응하라는 마키아벨리 특유의 유연성 때문이기도 하다.

군주의 실패를 부르는 필연적인 상황 변화, 그럼에도 그것을 알아차리지 못하고 대응하지 못하게 하는 인간의 유한성, 하지만 그 안에서도 끝까지 자신의 목표를 추구할 방법인 유연한 프로덴차의 추구. 마키아벨리는 바로 이러한 프로세스를 통해서 군주는 실패를 빗겨 나가 당대의 성공을 거머쥘 수 있다고 말한다.

우리의 프루덴차,
나로부터 도망가는 연습

비즈니스 세계에서 '오늘의 승자는 내일의 잠재적 패자이다'라는 말이 있다. 우리들 개인도 달라진 시대와 변화를 인식하지 못하고, 기존의 방법과 생각만 고집하다가 도태되는 경우가 흔하다. 마키아벨리의 표현대로, '시간은 해악은 물론 이익을, 이익은 물론 해악을' 가져옴에도 불구하고 이것들을 제때 바라보지 못하고, 적절하게 대처하지 못해 실패하는 경우가 많다.《군주론》에도 비슷한 이야기가 나온다.

> 운명은 가변적인데 인간은 유연성을 결여하고 자신의 방식을
> 고집한다. 따라서 인간의 처신 방법이 운명과 조화를 이루면
> 성공하게 되고, 그렇지 못하면 실패해서 불행하게 된다고
> 결론 내릴 수밖에 없다.

> 어떤 국가도 안전한 정책을 따르는 것이 항상 가능하다고
> 믿어서는 안 된다. 오히려 그 안전한 정책을 미심쩍은 것으로
> 봐야만 한다. 사물의 도리상 하나의 위험을 피하려고 하면
> 으레 다른 위험에 직면하기 때문이다.

여기에서 우리가 주목해야 할 것은 '유연성'과 '의심'이라는 키워드다. 앞에서 마키아벨리의 프루덴차는 '텅 비어 있는 것'이라고 했다. 그 빈 곳을 채우는 것은 목표 달성에 효과가 있는 것이라면 무엇이든지 상관이 없다. 과거부터 쭉 해오던 관습에서 벗어나기 위해서는 끊임없이 '나로부터 도망가는 연습'을 해야 한다. '그때는 맞았지만, 지금은 틀릴 수도 있다'고 의심해 볼 줄 알아야 한다. 자기만의 삶의 철학이라고 여겨 왔던 것도 때론 무너뜨리고 다시 생각해 볼 수 있다. 자신의 강점 혹은 약

점이라고 믿었던 것이 시대가 바뀌면 그 반대가 될 수도 있음을 알아야 한다.

우리는 인간의 유한성이 유발하는 경험의 덫, 고정되고 굳어 버린 판단의 프로세스에서 벗어날 때 비로소 우리의 불완전함을 보완할 기회를 얻을 것이다.

다르게 살아 보고 싶다면
과거보다 두 배 이상 더 힘껏 달려야 한다

우리는 끊임없이 나로 돌아가려는 회귀 성향을 가지고 있다. 나의 경험, 나의 사고방식, 나의 습관이 나를 지배하고 있기 때문이다.

루이스 캐럴의 《거울 나라의 앨리스》에 나오는 유명한 장면이 있다. 주인공 앨리스가 계속 달리는데도 그 자리를 벗어나지 못하자 '나는 이렇게 계속 뛰고 있는데 왜 이 나무를 벗어나지 못하느냐'고 묻는 장면이다. 붉은 여왕은 이렇게 답한다. "제자리에 머물기 위해서는 온 힘을 다해 뛰어야 한단다. 다른 곳으로 가고 싶다면 지금보다 최소한 두 배는 더 빨리 달려야 할 거야."

우리의 굳어진 습성에 맞서 새로운 변화와 기회를 꾀하고자 한다면 적어도 두 배 이상의 속도로 나로부터 도망가는 연습을 해야 한다. 이러한 훈련의 결과로 얻어지는 것이 '창의적인 사고'이자 '탁월한 문제 해결 능력'이며, '과녁보다 조금 더 위'를 겨냥하는 궁수의 지혜일 것이다.

어떤 의미에서는 마키아벨리야말로 진정한 '나로부터의 도망자'였다고 할 수 있다. 끊임없이 강요되었던 당대의 도덕과 관습으로부터 도망가는 사고를 할 수 있었기에 '위험한 현자'라는 말을 들으며 오늘날까지 읽히고 연구되는 작품을 남길 수 있던 게 아닐까. 마키아벨리야말로 '프루덴차의 달인'이었다.

주어진 운명에 맞서서 마지막 그 1퍼센트의 승기를 잡기 위해서는 어떤 상황에서도 경계를 늦추지 않고 유연하며 탄력적인 태도를 보이는 프루덴차를 연습해야 할 것이다.

<The Wheel of Fortune> Sir Edward Coley Burne-Jones

"운명은 변화하는데, 인간은 자신의 방식을 고집한다.
인간의 처신이 운명과 조화를 이루면 성공하게 되고,
그렇지 못하면 실패하고 불행하게 될 것이다."

12
운명과의 전투력을
끌어올리는 세 가지 작전

$$\dagger$$

"군주는 전쟁, 전술 및 훈련을 제외하고는

그밖에 다른 어떤 일도 목표로 삼거나 관심을 가져서는 안 되며,

또 몰두해서도 안 된다."

일을 잘한다는 것은 무엇일까? 주어진 과업을 정해진 시간에 충실히 끝내면 되는 것일까? 일에도 '1퍼센트의 영역'이 있다. 남들과 엇비슷한 결과물을 만드는 듯하지만, 마지막 한 끗 차이로 다른 사람들과 차이를 벌린다. 이런 결정적인 차이는 그저 열심히만 일한다고 만들 수 있는 게 아니다. 일에 대한 안목과 센스가 남다른 사람들이 1퍼센트의 차이를 만든다.

군주는 군사력의 운용에서도 탁월해야 한다는 점에서 마키아벨리도 이 부분에 관심을 갖지 않을 수 없었다. 그래서《군주론》에는 영토 확장을 위한 전략 전술과 권력의 법칙만 등장할 것 같지만, 한편으로 일명 '꿀팁'과도 같은 일 잘하는 법에 관한 내용도 함께 담겨 있다. 단순한 팁 차원에서 그치지 않고 매우 입체적인 방식으로 일을 바라보고 그 안에서 무엇을 잘해야 하는지를 전해준다. 한마디로 '마지막 1퍼센트를 업그레이드하는 전략'이라고 할 수 있다. 여기에는 일을 할 때 생길 수 있는 리스크나 주변의 평판 관리, 개인의 성장 전략 등이 포함된다. 크게 세 가지 범주로 나눠 살펴볼 수 있는데, ①시나리오 플래닝 Scenario Planning, ②성품 모방, ③경각심의 유지가 그것이다. 여기에는 개인의 실력을 근본적으로 향상시켜주는 통찰이 담겨 있다. 마키아벨리의 표현을 빌리면, 이는 "운명에 맞설 수 있는 만반의 태세"라고까지 할 수 있다. 단순히 '일'의 차원에 그치지 않고 '운명'의 차원으로까지 끌어올려진다.

실력이야말로
사회적인 생명

마키아벨리가 실력의 중요성을 강조하는 것은 앞서 언급한 '자강론'과 같은 맥락이다. 물론 누구나 실력을 갖추는 것이 필요하다고 생각들 하지만, 마키아벨리는 좀 더 강한 어투로 이를 강조하는 것은 물론 "실력이 없으면서 뭔가를 하려고 한다면 오히려 주변의 비난을 받을 수밖에 없다."고까지 말한다. 실력이 없으면 아예 나서지 말라는 이야기다.

"영토 확장의 욕구는 매우 자연스럽고 정상적인 욕구이며,
유능한 자들이 이를 수행할 때 그들은 항상 칭송받는다.
설사 칭송받지 못하는 경우에도 적어도 비난을 받지는 않는다.
하지만 성취할 역량이 없는 자들이 경우를 가리지 않고 이를
추구하려고 할 때 그것은 비난을 받을 수 있는 실책이 된다."

또한 다음과 같은 조언에서는 스스로 실력을 갈고 닦는 일에서의 무자비함까지 느껴진다.

"군주는 전쟁, 전술 및 훈련을 제외하고는 그밖에
다른 어떤 일도 목표로 삼거나 관심을 가져서는 안 되며,
또 몰두해서도 안 된다."

마키아벨리는 실력이야말로 '사회적인 생명'이라고 여겼다. 실력이 부족하여 다른 사람에게 의존해야 하는 사람은 자신의 운명을 다른 이의 손에 맡기는 것과 같다고 생각했다.

이러한 무자비함을 염두에 두면서 이제부터 마키아벨리가 전하는 첫 번째 꿀팁부터 살펴보자. 그는 신생 군주에게 매일 훈련을 하거나 군대의 기강을 잡는 일만 할 것이 아니라 '주변의 자연 지형을 끊임없이 관찰하고 관심을 기울이면서 광범위

하면서도 전문적인 지식을 쌓으라'고 조언했다.

예를 들어 "강과 늪의 특징은 물론이고 산은 어떻게 솟아 있고, 골짜기는 어떻게 전개되며, 평야는 어떻게 펼쳐져 있는가에 주의를 기울여야 한다."고 말한다. 이러한 지식을 잘 쌓게 되면 현장 전투에서 매우 강한 힘을 갖출 수 있기 때문이다. 따라서 마키아벨리는 "이러한 지식을 전쟁에 활용함으로써 적을 추적하고, 적절한 야영 장소를 물색하며, 군대를 인솔하여 적을 향해 진격하고, 요새나 요새화된 도시를 포위할 수 있다."고 말한다.

이러한 활동은 경영 전략의 하나인 '시나리오 플래닝'과도 같다. 시나리오 플래닝은 변화의 핵심 요소와 불확실성을 조합하여 미래에 발생할 수 있는 여러 가지 모습을 설정해 보고 각 시나리오에 맞는 대응책을 준비하는 전략이다. 즉, 아직 닥치지 않은 상황이나 리스크를 미리 예상하고 가장 효과적인 대처 방법을 마련할 수 있도록 도움을 주는 것이다.

> **"역사가들이 필로포이멘을 찬양했던 이유 중 하나는**
> **평화 시에도 그가 항상 군무를 생각했다는 점 때문이다.**
> **그는 부하들과 야외에 나갔을 때도 종종 발걸음을 멈추고**
> **다음과 같은 질문을 던지곤 했다.**
> **'적이 언덕 위에 있고 우리 군대가 여기에 있다면,**

누가 유리한 위치에 있는가? 우리가 적절한 진영을 유지하면서 그들을 공격할 수 있는 방법에는 어떤 것이 있는가? 후퇴한다면 우리는 어떻게 후퇴할 수 있는가? 그들이 퇴각한다면 우리는 어떻게 그들을 추격해야 하는가?' 그는 부하들과 같이 다니면서 군대가 처할 수 있는 모든 우발적인 상황을 이야기하곤 했다. 그는 그들의 의견에 귀를 기울이고 나서 자신의 의견을 밝혔으며, 이유를 제시하면서 자신의 의견을 뒷받침했다. 이 같은 지속적인 관찰과 토론 덕분에 그가 군대를 통솔하여 출전했을 때, 그가 대책을 강구할 수 없었던 예상 밖의 사태는 결코 일어나지 않았다."

필로포이멘Philopoemen은 고대 그리스의 남서부 지역에 있던 도시 메갈로폴리스의 장군이었다. 그는 매우 격정적이고 호전적인 성격이기는 했지만, 수많은 전투에서 승리한 것은 물론이고 패권을 쟁취해내는 놀라운 힘을 발휘했다. 그런 그의 전투 실력의 배경에는 이렇게 끊임없이 지형을 살피고 관찰과 상상에 기반한 시나리오 플래닝이 있었다.

세계적인 컨설팅 회사 맥킨지앤드컴퍼니의 런던 지사 에디터인 찰스 록스버그Charles Roxburgh는 시나리오 플래닝이 발생 가능한 상황과 결과를 예측하고 이를 토대로 사전에 문제의 위험을 현저하게 줄이는 행위라고 설명한다. 또한 이는 한 집단 내의 사람들이 동시에 비슷한 생각을 하게 되는 집단사고의 편향에서 벗어나게 해주는 매우 유용한 역할도 한다고 말한다.[16] 즉, 평상시에도 시나리오 플래닝에 익숙한 사람이라면, 일을 할 때 전체적인 맥락을 보면서 일의 우선순위를 결정해 나갈 수 있다.

시나리오 플래닝의 또 다른 유용한 기능은 바로 문제 해결 과정에서 생길 수 있는 '생각 없음Mindlessness'을 극복할 수 있게 해준다는 점이다. 이 '생각 없음'은 우리 인식의 과정에서 결함을 유발시키는 매우 독특한 과정이기도 하다.

미국 텍사스크리스천대학교 경영대 타이슨 브라이닝Tyson Browning 부교수에 따르면, 우리는 문제에 부딪히고 그것을 해결하려 할 때 지나치게 과거의 경험에 의존하거나 습관적으로 전통적인 방식을 취하는 경향을 보인다고 한다. 또, 편견에 의해서 특정한 정보를 외면하는 경우도 많다. 바로 이것이 일종의 '생각 없음'이라고 할 수 있다. 좀 다르게 표현하자면, 자신도 모르게 배제하는 것, 미처 깨닫지도 못한 상태에서 무시하는 행위라고도 할 수 있다.

촘촘한 그물에 구멍이 나 있으면 물고기를 제대로 잡을 수 없듯이, 인식의 그물에 '생각 없음' 구멍이 생기면 상황을 온전하게 통제하기 힘들다. 그물의 빈틈 사이로 예상 못한 변수들이 마구 튀어나올 수 있기 때문이다. 시나리오 플래닝은 바로 이러한 인식의 변수들을 사전에 예방하는 역할을 해준다. 필로 포이멘처럼, '누가 유리하지? 상대가 어떻게 공격하지? 나는 어떻게 후퇴하거나 어떻게 추격하지?'와 같은 시나리오를 떠올리다 보면 자연스럽게 체크하지 못한 문제까지 대비할 수 있게된다. 바로 이런 능력이 우리의 실력을 더욱 단단하게 만들어주는 계기가 된다.

셰프가 '생선을 굽는데 갑자기 소금이 없는 상황'을 미리 떠올리게 되면, '잡내도 잡아주고 짭짤한 맛을 내는 카레를 사용할 수 있겠다'는 대응책을 떠올릴 수 있다. 상황에 훨씬 더 긴밀하게 대처할 수 있다는 이야기다. 축구 선수가 골대를 향해 힘차게 공을 찬 후에 마음 놓고 있는 것이 아니라, 공이 골대를 맞고 튕겨 나올 것까지 예상한다면 어디로 달릴지를 결정하고 한층 빠르게 움직일 수 있다. 주어진 일을 시간 맞춰 끝내는 것이다가 아니라, 리스크를 예상하고 내가 일하는 방식의 구멍까지미리 염두에 둔다면 성과의 질이 달라질 수밖에 없다.

나의 인격 전체에 대한
새로운 도전

마키아벨리가 알려주는 두 번째 꿀팁은 바로 롤모델의 성품을 모방하는 일이다. 출발은 역사책을 읽은 것에서 시작해서, 궁극적으로는 책 속 영웅의 성품을 모방하는 데까지 이어져야 한다.

> "지적인 훈련을 위해서 군주는 역사책을 읽어야 하며, 특히 위인들의 행적을 조명하기 위해서 읽어야 한다. 그들이 전쟁을 수행하는 방법을 터득하며, 실패를 피하고 정복을 성취하기 위해서 그들의 승리와 패배의 원인을 고찰하고, 그렇게 위대한 인물들을 모방해야 한다. 과거의 위대한 인물들 역시 찬양과 영광의 대상이 될 가치가 있다고 생각되는 그들의 선배들을 모방하려고 했다."

마키아벨리는 스키피오Scipio를 모방한 키루스 2세Cyrus the Great의 사례를 들고 있다. 스키피오는 기원 전 100년대에 활동한 로마 최고의 명장이었다. 그는 또 다른 최강의 명장 한니발을 격파하고 로마 제국을 세웠던 천재적인 군사 전략가로 이름을 떨쳤다. 이 스키피오를 그대로 따라 하려고 노력했던 사람이 바로 페르시아의 왕 키루스 2세였다. 그는 인류 역사 최초로 거대 제국을 건설한 군주로 평가되고 있으며, 메소포타미아 문명을 통합하는 위대한 성과를 거두었다. 그런 키루스 2세는 스키피오의 군사적인 면은 물론 성품까지 모방하려고 했다. 특히 성적인 절제, 친절함, 예의 바름, 그리고 너그럽고 후한 품성까지 모조리 따라 했다.

물론 과거의 성공과 실패 사례는 우리들도 책을 통해 많이 배울 수 있다. 하지만 위대한 인물의 성품까지 따라 하는 경우는 흔치 않다. 그런데 이는 오늘날 성공 법칙을 전하는 수많은 전문가들도 공통적으로 다루는 주제이기도 하다.

세계적인 비즈니스 컨설턴트 브라이언 트레이시Brian Tracy는 이렇게 말했다. "성공한 사람을 찾아 그 사람이 한 것을 그대로 따라 하라. 똑같이 생각하고 똑같이 느끼고, 똑같이 행동하라. 그러면 당신도 그들이 거둔 성공과 똑같은 성공을 거둘 것이다."

의사이자 컨설턴트이며, 전 세계에서 3천만 부 이상 책을 판매한 베스트셀러 작가 맥스웰 몰츠Maxwell Maltz는 이런 말도 남겼다. "한 사람을 정해 한 달간 철저히 연구하라. 그 사람이 생각하는 방법에 너무나 익숙해져서 마치 그 사람과 마주 앉아

솔직한 충고와 지도를 해달라고 요청할 수 있을 정도라고 느낄 수 있을 만큼 말이다."

생각과 성품을 따라 한다는 것은 이른바 '디테일의 완성'이다. 머리로만 이해하고 넘어가는 것과 실제 누군가로 빙의된 듯 생각하고 행동한다는 것은 완전히 다른 차원이다. 같은 일을 하더라도 자신이 롤모델로 삼는 바로 '그 사람이라면 어떻게 했을까?'를 생각하는 것은 역시 평범한 역량을 한 단계 높이는 역할을 한다.

문제에 대한 끝없는 경각심

마키아벨리가 전하는 마지막 세 번째 꿀팁은 바로 '문제 감지 능력'이다. 이것은 의사가 병을 진단해내는 능력과 크게 다르지 않다. 처음에는 모호하지만, 그것을 방치했다가는 돌이킬 수 없는 병에 걸릴 수 있다. 따라서 마키아벨리는 초기에 문제를 발견하고 빠르게 해결에 접근하라고 조언한다.

> "소모성 열병은 초기에 진단하기는 어렵지만, 치료하기는 쉽다. 반면 뒤늦게 발견하면 진단은 쉽지만 치료하기가

어렵다. 국가를 통치하는 일도 또한 마찬가지다. 왜냐하면 정치적 문제를 일찍이 인지하면 문제가 신속히 해결될 수 있기 때문이다. 그러나 인식하지 못하고 사태가 악화되어 모든 사람이 알아차릴 정도가 되면 그 어떤 해결책도 더 이상 소용이 없게 된다."

우리 삶에 대입해도 다르지 않다. 무언가 한번 방향이 잘못되면 아무리 열과 성을 다한들 결과가 나쁠 수 있다. 어떤 방향으로 가야 맞는지, 무엇이 문제인지 일찌감치 발견하지 못한 채 시간을 흘러 보내고 급기야 모두가 알아차릴 정도로 문제가 커져 버리면, 그때는 "그 어떤 해결책도 소용없는" 상태에 이른다.

결국 이는 경각심을 곤두세우는 것으로 해결할 수밖에 없다. 20세기 가장 영향력 있는 과학철학자인 영국의 칼 포퍼Karl Popper는 '인간은 오류를 저지를 가능성이 있는 유한한 존재'라고 규정하면서 끊임없는 경각심을 강조하기도 했다.

마키아벨리가 전하는 시나리오 플래닝, 성품 모방, 경각심의 유지는 각각 리스크의 예방과 생각 없음의 방지, 디테일의 완성, 문제에 대한 빠른 진단과 해결이라는 차원에서 우리가 해낼 수 있는 일의 격을 높여줄 수 있는 유용한 방법들이다.

PART
4

성공은 수직 상승이 아니라

수평 확장이다

: 나를 성공시키는 것은 나를 둘러싼 '구조'이다

_____ '이겨 놓고 싸우라'는 말이 있다. 여기에서 '이겨 놓고'라는 말은 싸우기 전에 미리 승리할 수 있는 제반 환경을 탄탄하게 만들라는 의미이다. 전후좌우 입체적인 성공의 조건이 사전에 만들어진다면 변수에 능히 대처할 수 있고, 일순간의 약세에도 얼마든지 다시 형세를 복원할 수가 있다. 대체로 우리는 고군분투하면서 열심히 땀 흘리며 싸우는 모습을 이상적이라고 생각하지만, 고군분투 이전에 성공의 조건을 구조화하는 것이 정말 중요하다.

《군주론》은 권력을 둘러싼 군주와 귀족, 교황과의 다툼을 다루고 있지만, 오로지 힘과 무력만으로 싸우는 것이라고 해석하면 곤란하다. 오히려 마키아벨리는 승리를 위한 제반 조건을 확보하고 그것을 영리하게 구조화하는 데 많은 신경을 썼다. 인적 자원의 확보, 리더십의 구축, 공동체의 형성 등은 개인이 홀로 완성하는 개별적 역량이라기보다 주변 환경이나 관계로부터 만들어지

는 구조적 역량에 더 가깝다. 이것들을 얼마나 잘 구축하고 활용
하는가에 따라 성공으로 향하는 길이 한결 더 수월해질 수 있다.

13
고립의 구조에서 벗어나
네트워크의 구조로

"신생 군주는 강력한 군대를 거느리고 있더라도,

새로운 지역을 점령하기 위해서는

그 지역 주민들의 호의가 항상 필수적이다."

- 《군주론》 제9장 -

이기는 싸움을 위한 제반 환경을 만들기 위해 가장 먼저 해야 할 것은 고립으로부터의 탈피이다. 기회가 차단되고, 더 나은 상황을 만들 수 있는 여러 지원들이 배제된 상태에서는 그 어떤 무기를 갖고도 성장하기 어려우며, 원하는 성취를 이루기도 힘들다. 고립은 울적한 기분이나 외로움의 문제가 아니라, 드라이브를 위한 원동력을 확보할 수 있느냐 없느냐의 문제에 해당한다.

부지불식간에
고립되고 마는 현대 사회

《고립의 시대》라는 책의 저자 노리나 허츠Noreena Hertz 교수는 "현대인들이 단지 소외된 기분에 그치지 않고 개인과 사회를 뿌리부터 뒤흔들고 있는 외로움의 위기를 겪고 있다."고 진단했다. 그 이유는 매우 다양하다. 서로 자신의 이익을 극대화해야 살아남는 경쟁 사회와 신자유주의 경제 체제, 코로나19로 인한 팬데믹 사태, SNS의 광범위한 확산과 중독은 개인을 더욱 고립의 극단으로 밀어붙이고 있다고 말한다.

허츠 교수는 그 하나의 사례로 '개방형 사무실이 어떻게 외로움을 유발하는가?'에 대해 이야기했다. 칸막이나 작은 방들로 나뉘어져 있지 않은 요즘의 개방형 구조의 사무실은 보통 협업과 원활한 소통을 위해 의도적으로 설계된 공간이다. 그런데 실제로는 그 의도와는 다르게 사람들이 소음 제거 헤드폰을 착용하여 더 단절되고, 대면 소통이 줄어들며, 이메일과 텍스트 메시지의 사용량이 더 많이 늘어났다고 한다.[17] 우리나라 역시 1인 가구의 급격한 증가와 온라인 비즈니스의 부상 등으로 인해 대면 접촉 기회가 줄어들고 고립이 점차 구조화되고 있다. 젠더나 세대 간의 갈등 역시 이 같은 고립의 맥락과 무관하지 않다.

다시 말해서 고립이라는 문제가 꼭 은둔형 외톨이 같은 사람들에게만 해당하는 것은 아니다. 평범한 일상을 살아가는 많은 사람들 역시 고립이 구조화된 요즘 같은 사회에서는 여기서 벗어나려는 노력을 의도적으로 기울이지 않으면 안 된다. 단지 지인들과 자주 만난다거나 평소 인맥이 넓다고 해서 해결되는 문제가 아니다. 이는 그저 아는 사람이 있고 대화 상대가 있다는 것일 뿐, 사회적 고립으로 인한 문제를 근본적으로 해결해 주지는 않기 때문이다.

신생 군주가 벗어나야 하는
고립의 상태

신생 군주에게도 이러한 고립의 문제는 반드시 탈피해야 하는 현안이었다. 그렇지 않아도 막 출발선에 선 초보 군주이기에 물적 기반이 부족할 뿐만 아니라 이미 권력을 가진 귀족과 교황으로부터 배제되기 십상인 상황이기 때문이다.

마키아벨리는 고립에서 탈피하는 매우 중요한 해결책의 하나로 '시민들과의 정치적 공동체'라는 구체적인 대안을 제시했다. 그는 "군주가 자신의 권력을 확대하기 위해서는 시민들의 지지와 호의가 필수적이다."라고 여러 차례 강조했다. 단순히 '당신은 아직 힘이 약한 신생 군주니까 시민의 도움을 받아야 한다'는 의미가 아니다. 시민의 도움이 존재하지 않으면 아예 군주의 힘 자체도 존재할 수 없다는 의미이며, 동시에 시민의 힘 역시 군주에 의해서 지탱된다는 뜻이다.

당시의 시대상에 비춰 본다면 이러한 시민과의 정치적 공동체 형성은 매우 혁명적인 선언이자 정치 시스템에 관한 발상의 대전환이었다. 바로 여기에서 우리는 개인이 고립으로부터 탈피하고 더 멀리 성장해나갈 수 있는 중요한 아이디어를 얻을 수 있다. 우선 마키아벨리의 이야기를 들어 보자.

> **"신생 군주는 강력한 군대를 거느리고 있더라도,**
> **새로운 지역을 점령하기 위해서는 그 지역 주민들의**
> **호의**Favore, Goodwill**가 항상 필수적이다."**

> **"시민들의 호의로 군주가 된 사람은 그들의 환심을 계속해서**
> **사도록 노력해야 한다. (…) 군주는 자신에게 호의적인**
> **시민들을 확보하는 것이 필수적이며 그렇지 않으면 역경에**
> **처했을 때 속수무책의 상태에 빠지게 된다."**

'환심'이나 '호의'라는 어감 때문에 그것이 가볍고 일시적인 것처럼 여겨질 수도 있지만, 사실 이는 그보다 훨씬 더 단단한 강도의 지원이라고 할 수 있다. 보다 정확하게는 '선한 의지를 가지고 하는 적극적인 지지'에 가깝다.

오늘날의 관점에서 보면 마키아벨리의 이 말은 그다지 새롭게 느껴지지 않을 수도 있다. 우리는 투표를 통해 자신이 지지하는 후보를 선택하는 현대의 선거 제도에 매우 익숙하다. 따라서 정치인이라면 시민의 호의와 지지를 얻어야 하는 건 당연한 거라고 생각할 수 있다. 하지만 마키아벨리가 살던 시대에 시민이란 존재는 권력을 위한 부속품 정도로 여겨질 뿐이었다. 권력은 귀족이 가진 부富와, 군주의 무력, 그리고 교황이 말하는 신神에 의해 온전히 만들어지는 것이며, 시민들이란 그저 다스려지는 존재에 불과했다.

하지만 마키아벨리는 그러한 시민들과 정치적 공동체를 구축함으로써 권력자가 자신의 부족한 역량을 극복할 수 있고 고립의 상태에서도 벗어날 수 있다고 강조했다.

마키아벨리가 '정치적 공동체'를 만들었듯이, 우리는 고립의 상태에서 벗어나기 위해 '성장의 공동체'라는 개념을 지향하며 주변 사람들에게 호의를 베풀고, 동시에 그들로부터 호감과 지지를 이끌어내야 한다.

이것은 여러 명이 같은 공간에서 서성대고 있는 '집합'의 개념이 아니라, 각자의 역할을 수행하면서 영향력과 시너지를 주고받는 '네트워크화된 공동체'라고 할 수 있다. 여러 대의 컴퓨터가 연결이 되어 각자의 역할을 할 때 비로소 네트워크가 되듯, 사람도 단순히 만나고 대화하는 것이 아니라 각자의 역할 속에서 상호작용을 해야 한다는 의미이다. 여기에서 호의와 지지가 중요한 것은 그것이 사람과 사람을 묶어주는 매우 강력한 결속력의 요인이 되기 때문이다.

챗GPT의 아버지,
샘 올트먼의 네트워크

요즘 시대 가장 큰 화제의 인물을 꼽으라면 단연 챗GPT를 만든 오픈AI의 공동창업자 샘 올트먼Sam Altman이라고 할 수 있다. 그는 한때 오픈AI OpenAI의 이사회에 의해서 해고되었다가, 이후 마이크로소프트MS 사에 고용된 적이 있다. 그러다가 다시 며칠 만에 복귀하는 해프닝이 있었다. 복귀의 배경에는 그가 해고되자 오픈AI 전체 직원 770여 명 가운데 무려 700여 명이 이사회 전원 사임을 촉구하며, 해당 요구가 받아들여지지 않을 경우 샘 올트먼을 따라 마이크로소프트로 옮기겠다는 초강수를 둔 것이 작용했다.

전 직원의 90퍼센트가 리더를 따라 사직하는 일이 과연 있을 수 있을까? 이 정도 유대와 신뢰 관계라면, 샘 올트먼이 직원들과 성장과 성공을 함께하는 네트워크화된 공동체를 이뤘을 가능성이 크다고 봐야 한다. 과연 이런 공동체는 어떻게 만들어지고 유지되는 걸까? 올트먼은 자신의 블로그에 '성공하는 방법How To Be Successful'이라는 글을 올리며 그 구체적인 내용을 밝힌 바 있다.[18]

"네트워크를 구축하는 효과적인 방법은 가능한 한 많은 사람을 돕는 것이다. 오랜 기간에 걸쳐 나는 이런 일을 해왔기 때문에 내 커리어 최고의 기회와 최고의 투자 4건 중 3건을 성공적으로 이끌 수 있었다. 나는 10년 전에 어느 창업가를 돕기 위해 했던 일로 인해 나에게 얼마나 자주 좋은 일들이 일어나는지를 실감하며 놀라곤 한다. (…) 네트워크를 구축하는 가장 좋은 방법 중 하나는 함께 일하는 사람들을 진심으로 돌본다는 평판을 쌓는 것이다. 그리고 사람들의 장점을 적극적으로 널리 알려라. 그러면 당신에게 10배로 돌아올 것이다. (…) 네트워크를 구축하는 특별한 방법은 경력 초기에 당신을 믿어주는 저명한 사람을 찾는 것이다. 이를 위한 가장 좋은 방법은 당연히 여러 명에게 도움을 주기 위해 헌신하는 것이다. (그리고 나중에 언젠가는 도움 받은 대가를 치러야 한다는 사실을 잊지 마라!) 마지막으로, 당신의 야망을 지지하는 긍정적인 사람들과 시간을 보내는 것을 잊지 마라."

가족에 관한
새로운 관점

공동체를 구축하거나 혹은 참여할 때 내가 먼저 다른 사람들에게 관심과 도움을 제공하는 것이 중요하다고 이야기했다. 그런데 오히려 반대로 도움을 준 사람이 도움을 받은 사람에게 호감과 강한 연대의식을 느낀다는 연구 결과가 있다. 이를 '벤저민 프랭클린 효과Benjamin Franklin Effect'라고 부른다.

100달러 지폐에도 얼굴이 그려진 벤저민 프랭클린은 미국 건국의 아버지로 불린다. 그가 의회에서 활동하던 당시 자신을 강하게 험담하며 계속 신경 쓰이게 하는 정적이 한 명 있었다. 관계를 개선하고는 싶었지만, 비위를 맞추며 고개 숙이기는 싫었던 프랭클린은 한 가지 아이디어를 냈다. 자신의 정적에게 매우 진귀한 책을 소장하고 있다는 얘길 들었다면서, 그 책을 좀 빌려 달라고 부탁했다. 책을 빌려 본 프랭클린은 며칠 뒤 감사 편지와 함께 책을 돌려주었고, 이후 두 사람은 특별한 우정을 나누는 친구 사이가 됐다.

프랭클린은 자서전에 이 사례를 언급하며 "한 번 호의를 베푼 적들은 당신에게 더 많은 호의를 베풀고 싶어 하게 된다."는 구절을 남겼다. 벤저민 프랭클린 효과는 이 말에서 유래됐다. 마키아벨리 역시 이러한 인간의 본성을 꿰뚫고 있었다.

> **"인간은 본질적으로 자신이 받은 은혜는 물론**
> **베푼 은혜에 의해서도 유대가 강화되는 존재이다."**

무엇보다 이러한 공동체적 관계가 형성되면 그들 사이에는 신체적·정신적 고통이 줄어들고 행복감이 지배하게 된다. 그러면서 협력과 지지의 선순환이 만들어진다. 타인을 위해 헌혈할 때 느끼는 주사 바늘에 의한 아픔은 자신의 건강검진을 위해 피를 뽑을 때의 아픔보다 훨씬 덜하며, 심지어 그 아픔의 강도가 전기적 충격에 의한 고통으로 바뀌어도 결과는 같았다.[19] 그뿐 아니라 누군가를 돕는 과정에서 도파민까지 분비되어 행복감이 더욱 상승하기도 한다.

이제 우리는 군주가 고립의 상황을 탈피하기 위해 시민과 손을 잡았듯이, 우리도 고립의 시대를 극복하기 위해 타인과 마땅히 손잡아야 하고, 적극적인 상호작용을 기획해야 한다.

인간관계에 있어서 '손절'이라는 표현이 유행하는 듯하다. 이래저래 관계를 유지하는 데에는 에너지가 많이 드니 조용히 각자도생하겠다는 분위기다. 사적인 관계야 그럴 수 있다 쳐도, 이러한 자발적 고립이 깊어지면 자신을 둘러싼 성장의 구조를 스스로 붕괴시키는 것이나 마찬가지다.

이제 관계 속으로 뛰어들어 가야 한다. 그리고 그 안에서 내 역할을 찾고, 내가 다른 사람을 위해 무엇을 할 수 있는지를 고민해야 하며, 사람들이 자신을 지지할 수 있도록 만들어야 한다. 혼자 성공하는 시대는 지났다.

"인간은 본질적으로 자신이 받은 은혜는 물론
베푼 은혜에 의해서도 유대가 강화되는 존재이다."

<Alegoría de la Fortuna y la Virtud> Peter Paul Rubens

14
성공을 위한 파트너 구성의 핵심,
결핍과 간절함

"자유로운 생활 양식에 익숙해온 도시국가의 지배자가 된 자는

그 도시를 파멸시켜야 하며, 그렇지 않으면 그 도시에 의해서

도리어 자신이 파멸될 것을 각오해야 한다."

- 《군주론》 제5장 -

성공을 향한 나의 여정을 누구와 함께 걸어갈 것인가 하는 것은 성장을 위한 공동체를 구현하는 데 있어서 매우 중요한 일이다. 내 옆의 파트너를 어떻게 구성하는가에 따라 나의 역량은 물론 내가 이루고자 하는 과업의 방향까지 달라질 수 있기 때문이다.

이때 중요한 것은 사람을 볼 때 단순히 '좋은 사람, 나쁜 사람'으로 구분해서는 안 되고, 더욱이 '능력 있는 사람, 능력 없는 사람'으로 구분해서도 곤란하다는 점이다. 개인적인 차원에서야 당연히 선하고 능력 있는 사람이 좋겠지만, 지금 이야기하려는 것은 성공으로 향하는 여정을 함께 떠나는 관계이다. 이 관계는 사사로운 취향과 이해를 넘어 공동의 목표를 설정하고 의지를 하나로 모아야만 한다. 아무리 선하고 능력이 있다 해도 나와 추구하는 목표가 다르다면 함께 걸어갈 수 없을뿐더러, 설사 일시적으로 합류한다 해도 그 관계는 오래가지 못한다.

이런 맥락에서 가장 중요하게 살펴볼 가치는 다름 아닌 '결핍과 간절함'이다. 이것은 능력보다도 더 중요하게 작동하며, 나와 함께 전진해 나갈 파트너가 가져야 할 가장 중요한 자질이기도 하다.

결핍이 있는 자들의
중요성

영화 장르 중에 하이스트 무비Heist Movie 혹은 케이퍼 무비Caper Movie라는 것이 있다. 여러 명의 범죄자들이 힘을 합쳐 은행이나 박물관 같은 장소에서 강도 행위를 하는 내용이 주를 이루는 영화이다. 이런 영화에서 절대 빠지지 않는 장면이 있다. 바로 영화 초반부에 범죄의 최초 기획자가 각 분야의 전문가들을 모으는 장면이다. 예를 들어 천재적인 금고털이 실력을 가지고 있지만, 출소 후 지방에서 평범하게 살아가는 열쇠공이라든가, 과거에 해커로 이름을 날렸지만 지금은 은둔한 채 히키코모리로 살아가는 사람 등이다. 이들을 결집시키는 장면은 경쾌한 배경음악과 함께 영화의 도입부를 흥미진진하게 만든다.

그런데 이러한 전형적인 영화의 한 장면에서도 우리는 '어떤 사람과 함께할 것인가'에 대한 힌트를 얻을 수 있다. 핵심은 바로 '결핍'이다. 과거에 고생했던 사람, 무시당했던 사람, 불만을 가진 사람 등을 모아야 공동의 목표를 추구하기에 매우 유리하다. 마키아벨리도 이렇게 말한다.

> "모세가 출현하기 위해서 유대인들은 이집트인들에 의해 노예 상태로 탄압받아야 할 필요가 있었으며, 그 결과 유대인들은 예속에서 벗어나기 위해 그를 따를 준비가 되어 있었다. 로물루스가 로마의 건국자이자 왕이 되기 위해서는 그가 알바Alba에서 태어나자마자 거기에서 머무르지 못하고 내버려지는 것이 필요했다. 마찬가지로 키로스 왕 역시 메디아인들의 지배에 불만을 품은 페르시아인들과 오랜 평화로 인해서 유약해진 메디아인들을 필요로 했다. 그리고 테세우스도 아테네인들이 분열되지 않았더라면 자신의 모든 역량을 발휘할 수 없었을 것이다."

노예 상태의 유대인, 불만 가득한 페르시아인, 약해질 대로 약해져 버린 메디아인들의 공통점은 바로 '결핍'이었다. 이 결핍은 개인에게는 불운일 수 있지만, 함께하는 사람을 선택할 때는 행운에 가깝다. 오랜 결핍에 동기부여가 시작되면 놀라운 열정이 불타오르기 때문이다. 과거의 영광을 되찾고 싶다는 강렬한 욕망, 다시 한번 우뚝 서서 희망을 느끼고 싶은 간절함은 불만 붙이면 활활 타오르는 마른 장작과 다르지 않다.

반면 같은 맥락에서 성공의 파트너로 피해야 할 사람도 알 수 있다. 바로 과거의 성공 경험에 도취된 사람, 타인의 도움을 전혀 필요로 하지 않는 사람, 그리고 기존의 일하는 방식과 태도에 매몰되어 변화나 도전을 꺼리는 사람이다. 마키아벨리가 "자유로움을 경험했던 도시는 파멸시켜야 하며, 그렇지 않으면 자신이 파멸될 각오를 해야 한다."고 말하는 이유가 여기에 있다. 원 팀으로 융합하지 않으면서 홀로 다른 생각을 갖고 있는 사람들과 함께 성공을 추구하는 것은 불가능에 가깝다는 점을 시사한다.

> "자유로운 생활 양식에 익숙해온 도시국가의 지배자가 된 자는 그 도시를 파멸시켜야 하며, 그렇지 않으면 그 도시에 의해서 도리어 자신이 파멸될 것을 각오해야 한다. 왜냐하면 그 도시는 반란을 일으킬 때, 시간의 흐름과 새로운 지배자가 준 이익에도 불구하고 결코 잊히지 않는 자유의 이름과

과거의 제도를 항상 명분으로 삼을 수 있기 때문이다. 지배자가 무엇을 하든지, 어떠한 조치를 취하든지 간에 지배자 스스로 내분을 조장하거나 주민들을 분산시켜 놓지 않으면 그들은 결코 자유라는 이름의 과거 제도를 망각하지 않을 것이며 (…) 그들은 잃어버린 자유를 잊지도 않았고 결코 잊을 수도 없다."

결국 나와 함께 미래를 개척할 사람은 '결핍의 상태에서 기회가 없었던 사람'이 최적이라는 결론이 나온다. 그들은 성장에 대한 강렬한 욕구를 지니고 있으며, 자신의 능력을 발휘할 장만 만들어준다면 혼신의 힘을 다할 것이다. 다만 여기에서의 결핍을 일정한 장애나 결손, 약함으로 볼 필요는 없다. 오히려 이때의 결핍은 '꿈과 희망에 대한 목마름'이라고 보는 편이 좀 더 정확할 것이다.

다양성이
능력을 이긴다

나와 함께할 사람을 구상하는 데 있어 또 하나 매우 중요한 원칙이 있다. 그것은 바로 '인지적 다양성Cognitive Diversity'을 확보하는 것이다. 결핍이 있는 사람들을 모으는 것은 동기부여에 최적화된 방법이지만, 여기에 더해서 다양한 시각과 배경을 가진 사람들을 모아야 한다는 이야기다.

미국 미시간주립대학교 스콧 페이지Scott E. Page 교수는 '다양성이 능력을 이긴다'는 매우 혁신적인 이론을 주장한 인물이다. 그는 똑똑하지만 동질적인 그룹과 덜 똑똑하지만 다양한 환경과 능력을 가진 이들이 섞인 그룹 중 어느 쪽이 문제를 더 잘 해결하는지를 연구했다. 똑똑하지만 동질적인 그룹은 IQ가 132, 136, 139, 137 등으로 엇비슷했다. 반면 덜 똑똑하지만 다양한 그룹의 IQ는 80, 135, 111, 90 등으로 천차만별이었다. 그런데 훨씬 더 다양한 도구로 어려운 문제를 해결해낸 그룹은 결국 다양한 이들로 구성된 후자의 그룹이었다. 그들은 구성만큼이나 다양하고 훨씬 더 창의적인 방법으로 문제들을 해결했다.

'구글 엑스Google X'는 인류의 미래를 바꿔놓을 새로운 기술을 개발하고 있는 구글의 비밀스러운 첨단 기술 연구소이다. 이 조직을 이끌고 있는 대표 아스트로 텔러Astro Teller는 이런 말을 했다. "각각 다른 생각과 다른 관점을 가진 이들을 모으는 일은 굉장히 중요하다. 만약 당신이 정말로 아직 가보지 않은 길을 탐험하고 싶다면, 당신처럼 생각하고 당신처럼 바라보는 사람과 함께하는 것은 좋은 방법이 아니다."[20]

앞서 이야기한 대로 능력의 유무는 부차적인 문제인 셈이다. 그런 점에서 파트너 선택의 최적의 조합은 '간절함+다양성'이라는 것을 일단 기억해두자.

여기서 우리가 빠질 수 있는 함정 하나가 있다. 그것은 바로 과거에 함께했던 사람들을 소환하고 싶은 유혹이다. 이미 검증된 사람들을 찾는 마음은 자연스럽지만, 한 가지 유의할 점은 과거 조금이라도 부정적인 기억이 있는 사람은 반드시 피해야 한다는 것이다. 상처는 잊고 과거를 용서하며 다시 함께 나아가자고 생각할 수 있지만, 이는 어쩌면 순진한 발상이다. 마키아벨리는 단호하게 '불태운 다리로 다시 돌아가지 말라'고 조언한다.

양심은 자신의 피해를
아랑곳하지 않는다

마키아벨리는 매우 많은 면에서 긍정적으로 평가했던 체사레 보르자가 했던 한 가지 실수를 지적한다. 말년에 그는 바로 그 실수로 인해 몰락했기 때문이다.

"만약 공작(체사레 보르자)의 실수를 비판할 수 있으면, 오직

교황 율리우스의 선출에 관한 일이다. 그는 정말로 잘못된 선택을 했다. (…) 그는 결코 자신이 피해를 준 적이 있거나, 교황이 되면 자신을 두려워할 만한 추기경이 선출되는 것을 허용해서는 안 되었다. 왜냐하면 인간이란 자신이 두려워하거나 미워하는 자에게 피해를 입히기 때문이다. (…) 따라서 공작은 이 과정에서 치명적인 실수를 범했으며, 그로 인해 파멸을 자초했다."

과거의 관계에서 상처나 두려움을 주고받은 적이 있는 사람은 필히 앙심에 찬 복수를 하게 된다는 이야기다. 캐나다 사이먼프레이저대학의 에릭 킴브로Eric Kimbro 교수는 온라인 경매 실험을 통해 '앙심의 과학'에 대한 연구를 진행한 적이 있다. 결과만 요약하자면, 사람들은 일단 한번 앙심을 품게 되면 스스로 손해를 감수하는 한이 있어도 최대한 남에게 해를 끼치려한다는 것이다. 그 이유는 누군가를 단죄하거나 벌을 주고 싶은 마음이 들게 되면 그때부터는 자신의 피해를 크게 생각하지 않기 때문이다.

게다가 과거의 일로 원한이 남았다면 그것은 결코 쉽게 망각되지 않는다. 두려움도 마찬가지다. 누군가를 두려워하는 사람은 정신적인 스트레스를 받고 있는 상태이며 그것을 해소하려는 행동을 하게 된다. 그리고 그 해소에 가장 효과적인 방법은 바로 상대방에게 피해를 입히는 것이라고 한다.

성경 마태복음에 등장하는 '새 포도주는 새 부대에 담으라'는 이야기를 한번쯤 들어보았을 것이다. 이 말은 흔히 새로운 출발을 위한 지혜의 말로 언급되곤 하지만, 사실 전체 이야기를 들어보면 보다 정확하게는 '출발'이 아닌 '보전'에 관한 내용이다.

> "새 포도주를 낡은 가죽 부대에 넣지 아니하나니 그렇게 하면 부대가 터져 포도주도 쏟아지고 부대도 버리게 됨이라. 새 포도주는 새 부대에 넣어야 둘이 다 보전되느니라."
>
> – 마태복음 9장 17절

보전을 위해서는 헌 것들을 버려야 하듯, 새로운 출발은 위해서는 상처 입은 과거의 인연도 함께 정리하는 것이 좋다.

개인의 이익에만 관심 있는 용병 같은 사람들

함께하면 곤란한 또 다른 유형이 있다. 마키아벨리가 《군주론》에서 매우 강조하는 '꼭 피해야 하는 인간' 부류는 바로 용병이다. 용병은 금전이나 다른 형태의 보수를 받으며 전쟁에 참여한 외부인으로 공식적으로는 군대의 일원이 아니다. 이런 용병들도 물론 군주가 영토를 확장하는 과정에는 필요하긴 하다. 하지만 그들과의 관계는 언제나 긴장과 경계가 가득해야 마땅하다는 게 마키아벨리의 생각이다.

> "용병이란 분열되어 있고, 야심만만하며, 기강이 문란하고, 신의가 없기 때문이다. 그들은 신을 두려워하지 않으며 사람들과 한 약속도 잘 지키지 않는다. (…) 그들은 당신에게 아무런 애착도 느끼지 않으며, 너무나 하찮은 보수 이외에는 당신을 위해서 전쟁에 나가 생명을 걸고 싸울 아무런 이유도 없기 때문이다. 당신이 전쟁을 하지 않는 한, 그들은 기꺼이 당신에게 봉사하지만, 막상 전쟁이 일어나면 도망가거나 탈영을 한다."

현대적으로 해석해 보자면, 용병은 당신과 아무런 애정이나 심리적인 유대 없이 그저 사적인 이익만을 위해 당신의 옆에 붙어 있는 사람들이라고 할 수 있다. 또 평상시에는 마치 대단한 일을 할 것처럼 목소리를 높이지만, 정작 중요한 문제가 터지거나 위기가 닥치면 아무런 희생도 하지 않으려는 인간들이기도 하다. 거기다가 신뢰가 없으며, 약속을 잘 지키지 않는 사람들이라는 것이다. 심지어 용병들은 전쟁을 부추기는 성향까지 가지고 있다. 그래야 자신들의 보수를 올릴 수 있기 때문이다.

우리 주변에도 이런 사람들이 반드시 존재한다. 위기를 틈타 기회를 노리고, 상대방의 약점 위에서 오히려 자신의 욕망을 확대하려는 이들이다. 마키아벨리는 이런 인간들은 유해하고, 심지어 해악적이라고까지 말한다.

이 장에서 살펴본 파트너의 구성법 혹은 나를 둘러싼 사람들의 인적 구조는 앞서 이야기했던 '성장의 공동체'를 완성해주는 매우 중요한 부분이다. 외부와 상호 교환되는 도움이 만들어내는 그 에너지를 풍부하게 하기 위해서는 우선 내부의 구조가 탄탄해야 하기 때문이다. 나의 내부에서 작동되는 첫 번째 구심력과, 나와 타인 간에 작동되는 두 번째 구심력이 합쳐질 수 있다면 웬만한 돌풍에는 흔들리지 않는 단단한 요새를 마련할 수 있을 것이다.

15
리더십의 핵심에는
'상대방의 자유와 행복'이 존재한다

"질서가 잡힌 국가와 현명한 군주는 귀족들이 분노하지 않도록,

또 시민이 만족하도록 항상 세심한 주의를 기울여 왔다.

이것이야말로 모든 군주가 해야 할

가장 중요한 일 중의 하나이다."

- 《군주론》 제10장 -

리더십이란 나의 주변에 모인 인적 자원들이 문제없이 효율적으로 어깨동무를 할 수 있게 한다는 점에서 성장의 공동체를 만드는 데 있어 매우 중요한 역할을 한다. 리더십은 마음을 움직이는 것을 넘어서 행동을 하게 만들고 궁극적인 변화를 이끌어내기 때문이다.

《군주론》에 등장하는 수많은 조언은 리더십의 본질을 관통하고 있다. 신생 군주가 영토를 확장하고 권력을 쟁취하기 위해서는 군사들의 사기를 끌어올려 전투에 참여하게 만들고, 시민의 지지를 얻어 나라를 지키는 과정에 동참시켜야 했기 때문이다.

그런데 '목적을 달성하기 위해서는 수단과 방법을 가리지 않아야 된다'는 마키아벨리의 발언 때문에 그의 리더십이 매우 강압적이고 독단적이라는 오해를 받아 왔다. 하지만 사실 그의 리더십을 찬찬히 뜯어보면 오히려 정반대이다. 마키아벨리는 시민들을 이끌어가는 데 있어서 가장 중요한 것을 '자유와 행복'이라고 보았다. 국민들에게 자유와 행복이라는 선물을 주지 않고는, 권력을 잡을 수도 유지할 수도 없다고 본 것이다.

오늘날 《군주론》 속 리더십에 대한 재조명이 더욱 필요하다고 생각한 것은 바로 이런 메시지 때문이기도 하다. 과거에는 근면과 성실이 최고의 덕목이었고, 리더가 솔선수범만 해도 괜찮은 리더십을 구현할 수 있었다. 하지만 일의 의미를 중요시하고, 개인의 성장과 만족에 관심 있는 요즘 사람들에게 더 이상 과거의 리더십은 작동하기 어렵다.

'나를 따르라'는
리더십의 종말

리더십과 관련해 크게 두 가지 오해가 있는 듯하다. 하나는 여러 사람들을 이끄는 대표자가 가져야 할 덕목을 리더십이라고 생각하는 것이다. 그래서 자신의 산하에 누군가 이끌 사람이 없거나 혹은 사람들 앞에 나서는 것을 원치 않는 사람에게는 굳이 리더십이 필요 없다는 견해이다. 두 번째 오해는 리더십이 상과 벌로 사람들을 관리하고, 잘 구슬려서 일을 잘하게 만드는 것이라는 생각이다.

이러한 오해를 깨뜨리기 위해서는 리더십이 생성된 근원으로 돌아갈 필요가 있다. 리더십은 경영학이 발전하면서부터 그 개념이 차근차근 완성되어 왔고, '경영'을 의미하는 'Management(매니지먼트)'라는 말은 이탈리어의 'Maneggiare(마네지아레)'를 어원으로 한다. 이 말은 '다루다, 조작하다, 길들이다'는 의미로, 과거 전쟁을 할 때 필요한 도구를 다룬다는 의미로 사용되어 왔다.[21] 전쟁에는 마차나 배, 각종 무기 같은 도구들이 꽤 유용하게 사용되지만, 그 특징은 쓰다가 망가지면 버리고 새 것으로 교체한다는 것이다.

현대 사회에서의 경영과 리더십 역시 사람을 도구화해서 잘 쓸 수 있도록 관리하고 정비한다는 개념이 포함되어 있으며, 그것이 불가능할 때는 버리고 새롭게 교체할 수 있다는 뉘앙스가 깔려 있다. 실제로 오랜 경영의 역사에서 구성원들은 이렇게 수단과 도구로 다뤄져 왔고, 심지어 지금도 일부 조직에서 반복되는 모습이기도 하다. 그러나 우리는 이제 직장인들이 회사에서 가장 비애를 느끼는 순간이 바로 대체 가능한 부품처럼 대접받을 때라는 것을 잘 알고 있다.

과거의 경영은 구성원들의 창의성을 그다지 필요로 하지 않았다. 초기 자본주의 시대에는 자본가와 노동자가 엄격하게 구분되어 있었으며, 노동자들은 그저 자본가가 시키는 대로만 일하면 그만이었다. 정해진 일을 정해진 시간에 해내면 될 뿐, 창의성을 발휘하는 것은 오히려 정해진 프로세스에 방해가 된다고 여겼다. 문제는 시대가 변했다는 것이다.

2010년 전후로 마이크로소프트는 극심한 침체를 겪었다. 일명 '마이크로소프트의 잃어버린 10년'으로 불리는 기간이다. 침체의 원인 중 하나로 지목되는 것이 이른바 '스택 랭킹Stack Ranking'이라고 불리는 평가 제도였다. 직원들의 업무 성과를 최고-양호-빈약 등으로 등급을 나눠 상대 평가했고, 그 결과 직원들 사이에서는 극심한 내부 경쟁은 물론 사내 정치가 횡행했다.

회사의 하락세가 뚜렷해지자 이 제도는 공식적인 폐기를 맞게 됐다. 사람들을 점수에 따라 줄 세워 평가하고 채찍질을 하면 성장할 수 있다고 여겼던 과거의 리더십이 한계를 맞은 셈이다. 제너럴일렉트릭GE 역시 비슷한 제도를 운영하다가 매출가 주가가 떨어지는 등 위기감을 느낀 후에야 평가 제도를 다시 손보았다.

새로운 리더십,
자유와 행복

이제 새로운 리더십의 과제는 '협업'을 잘 이끄는 것이 되었다. 개인화, 다양성, 창의력 등의 가치가 부상하고 있는 오늘날에는 도구화된 직원도 전근대적인 리더십도 더 이상 설 자리가 없다. 세계적인 강연자이자 베스트셀러 작가인 사이먼 시넥Simon Sinek은 "혼자서만 간직하면 그것은 한낱 상상에 불과하다. 나에게 완벽한 것을 찾으려고 애쓸 것이 아니라 서로에게 완벽한 것을 만들려고 노력해야 한다."며 협업을 강조했다. 또 구글 채용 담당 수닐 찬드라Sunil Chandra 부사장은 구글 개발자 회의에서 "구글이 원하는 인재의 조건은 다른 사람과 협업하면서 능동적으로 문제를 해결하는 사람이다."라고 선언한 바 있다.

이 같은 시대 변화가 오늘날 성공을 꿈꾸는 사람들이 가져야 할 리더십의 성격과 내용을 변화시키고 있다. 또한 앞서 언급한 두 가지의 오해도 풀 수 있는 단서를 제공한다. 첫 번째 오해였던 '누군가를 이끄는 것이 리더십'이라는 생각은 과거의 유물일 뿐, 이제는 단 두 명이 힘을 합쳐 일을 할 때에도 각자가 주도성을 갖고 일하되 서로 돕고 협업하는 것이 결과적으로 유리하도록 설계하는 새로운 리더십이 필요해졌다. 한정된 보상 안에서 자기 몫의 파이를 더 키우는 경쟁을 조장할 게 아니라, 서로가 상대방의 문제 해결과 성장에 얼마나 도움을 주는가 하는 점을 중요하게 여기고 가산점을 주는 방향으로 변화하고 있다.

흥미로운 사실은 이러한 새로운 리더십의 가치를 이미 마키아벨리도 제시하고 있었다는 점이다. 우리 머릿속에 있는 군주의 모습은 시민 위에 군림하고 그들을 복종시키는 왕의 개념과 크게 다르지 않다. 군주는 자신의 권력을 지키기 위해 그들을 희생시키는 일도 마다하지 않을 것 같다.

하지만 마키아벨리는 달랐다. 그는 시민들의 지지와 호의를 등에 업고 그들과 '협업'해야 한다고 생각했고, 그것을 이루기 위해서 꼭 필요한 것을 제시했다. 그것이 바로 영원히 변하지 않을 인류의 가치인 '자유와 행복'이다.

> "시민을 토대로 군주가 되어야 하며, 그 시민들을 어떻게 다룰지를 알아야 한다. 또 뛰어난 용맹으로 역경에 처해도 절망하지 않고, 자신만의 기백과 정책으로 시민들이 사기를 잃지 않도록 하는 군주라면 시민들에게 배반당하는 일은 결코 없을 것이다. 또한 그 자신이 비로소 권력의 확고한 토대 위에 서 있음을 알게 될 것이다."

> "질서가 잡힌 국가와 현명한 군주는 귀족들이 분노하지
> 않도록, 또 시민이 만족하도록 항상 세심한 주의를 기울여
> 왔다. 이것이야말로 모든 군주가 해야 할
> 가장 중요한 일 중의 하나이다."

마키아벨리가 활동하던 시기는 중세 로마 시대이다. 비록 공화정이라는 민주주의적 정치 제도가 있었다고는 하지만, 그것이 얼마나 진정성 있게 구현되었는지는 의문이다. 군주와 귀족은 때때로 수많은 협잡으로 시민들을 속여 왔기 때문이다. 그런 점에서 마키아벨리의 주장은 놀랍도록 진보적이다. 정책을 통한 시민의 사기, 시민의 만족을 위한 세심한 주의는 곧 행복과 자유를 선서하는 올바른 군주의 모습이기도 하다. 그뿐 아니라 마키아벨리는 "인간이란 부모의 죽음은 쉽게 잊어도, 재산의 상실은 좀처럼 잊지 못한다."라고 말하면서 그들의 재산이 절대적으로 지켜질 수 있도록 온갖 노력을 다하라고 권고하기도 했다.

심지어 마키아벨리는 시민의 기본적인 속성을 '자유'로 파악하기도 한다. 그는 "시민은 귀족에게 지배당하거나 억압당하는 것을 원하지 않는데, 귀족은 시민을 억압하려고 하기 때문에 끊임없는 갈등이 유발된다."고 말한다. 따라서 오히려 시민

의 자유를 지켜주고, 그로부터 호의와 지지를 이끌어내야만 군주가 성공의 길에 이를 수 있다고 강조한다.

결국 마키아벨리가 말한 '재산의 유지 – 정책을 통한 사기 충전 – 삶의 만족감'은 바로 인간이 가질 수 있는 최고의 가치인 자유와 행복에 속하는 것에 다름 아니다. 신권神權이 존재하던 중세 사회에 끊임없이 인간의 자유의지를 강조하며 운명에 지지 말고, 아니 거기서 더 나아가 운명에 맞서 맹렬하게 싸우라고 강조한 그답다.

이것은 오늘날 필요한 리더십의 본질과도 닿아 있다. 미국에서 가장 존경받는 기업의 하나인 가구 회사 허먼 밀러Herman Miller의 CEO 맥스 드 프리Max De Pree는 다음과 같이 말했다.

"리더의 역할은 구성원을 '관리'하는 것이 아니다. 관리의 대상은 우리가 생산하는 가구일 뿐이다. 리더는 구성원들의 영혼을 터치하여 생기 있게 일할 수 있도록 도와야 한다. 그러면 그들이 알아서 가구 생산을 잘 관리할 것이다."

'영혼을 터치하고 생기가 넘치도록 하는 것'은 마키아벨리가 말한 '자유와 행복'의 가치와도 통한다.

관계를 조망하기 위한
포지셔닝

결국 우리에게 필요한 리더십은 매우 분명하다. '나와 함께하는 사람의 자유와 행복'을 가치로 삼고 서로 협력하는 관계를 만들어 나가는 것이다. 마키아벨리는 시민들이 곧잘 변심하는 존재라고 했지만, 그것은 인간의 본성이 그렇다는 것일 뿐, 그들과 매우 긴밀한 협력을 해낸다면 군주의 성공을 뒷받침하는 매우 탄탄한 배경이 될 수 있다고 말한다. 이러한 협력 관계에는 상대방을 관리하거나 통제하려는 생각에서 벗어나 서로 신뢰하고 존중하는 것, 함께 성공을 일궈 나가는 주체이자 파트너로서 온전히 인정해주는 것도 포함된다.

요즘 젊은 세대는 이미 이러한 특징을 일부 갖고 있다. 미국 라이트주립대학의 코리 시밀러Corey Seemiller 부교수는 한 국내 언론과의 인터뷰에서 이렇게 말했다.[22] "(관리자 레벨에 오른 밀레니얼 세대는) 소통에 능하고 협력적인 업무 방식을 바탕으로 기업의 성장을 이끌고 있다." 소위 MZ 세대는 수평적인 조직에서 능력을 발휘할 수 있으며, 투명하고 공정한 그리고 지속 가능한 기업을 선망한다고 강조했다.

이러한 시대에 중요한 것은 서로의 관점을 이해하고 존중하려는 태도이다. 마키아벨리도 이야기하고 있는 부분이다.

> "지도를 그리는 자들은 아래로 내려가서 높은 산의 지형을
> 파악했으며, 반대로 산 위로 올라가 아래의 낮은 곳을
> 파악했다. 마찬가지로 시민의 성격을 잘 이해하기 위해서는
> 군주가 될 필요가 있고, 군주의 성격을 잘 이해하기 위해서는
> 평범한 시민이 될 필요가 있다."

리더십의 시작을 이렇듯 자신의 포지션을 바꿔보는 것에서 부터 시작해 보면 어떨까. 자신과 함께하는 사람의 자유와 행복에 관심을 갖고 그것이 실현되도록 적극적으로 돕는 리더는 지속 가능한 성공을 맛볼 것이다.

16
영화 속 주인공이 우리에게
감동을 주는 이유

"로마인들은 전쟁을 피하기 위해서 화근이 자라는 것을

결코 용납하지 않았다. 왜냐하면 전쟁이란 피할 수 있는 것이

아니라 단지 적에게 유리하도록 지연되는 것에

불과하다는 사실을 알고 있었기 때문이다.

- 《군주론》 제3장 -

신생 군주는 늘 위기에 처할 수 있음을 각오해야 하지만, 그 중에서도 특별히 주의해야 할 위기가 있다. 바로 '시민들로부터의 믿음과 지지의 철회'이다. 이것은 앞서 이야기했듯, 시민과의 정치적 공동체를 꿈꿔 권력을 획득하려는 군주의 입장에서는 기반 자체가 붕괴되는 절체절명의 위기라고 할 수 있다.

우리도 마찬가지다. 평소에는 잘 드러나지 않지만, 자신이 이제껏 이뤄 온 것들의 저변에는 수많은 사람들의 신뢰와 지지가 깔려 있다. 만약 이것을 지켜내지 못한다면, 지속적인 성장과 더 나은 성공을 꿈꾸기는 힘들다. '창업創業은 쉽지만 수성守城은 어렵다'는 말은 바로 여기에 해당한다.

마키아벨리는《군주론》의 후반부까지 인간이 가진 나약함을 지적하는 일에 결코 게으르지 않지만, 그럼에도 불구하고 진정으로 당부하는 것이 있다. 그것은 바로 '언제나 위기를 정면으로 돌파하고, 더 발전된 상태로 진입하라'는 점이다.

마키아벨리는 《군주론》의 최종 26장을 마무리하면서 '이탈리아를 해방시켜 줄 영웅의 출현'을 기대한다고 남겼다. 나라를 구할 영웅은 느닷없이 나타날 수도 있지만, 내 인생을 구원해 줄 영웅은 결국 나 자신일 수밖에 없다. 우리도 이 책의 마지막 부분에서 '나'라고 하는 작은 영웅을 탄생시킬 수 있는 소중한 기회를 탐색해 보고자 한다.

이십 대 청년
마키아벨리의 고민

이십 대 중반의 마키아벨리는 대중의 성향과 민심을 보면서 깊은 고민에 빠진 적이 있다. 자신들의 욕망을 자극하는 누군가에 급격하게 환호하는 한없는 가벼움, 또한 어느 순간 철저하게 외면해 버리는 냉정함을 이해하기 어려웠기 때문이다. 그는 지롤라모 사보나롤라Girolamo Savonarola 신부의 예를 든다.

"지롤라모 사보나롤라 신부는 그에 대한 군중의 믿음을 |

상실하자마자 그가 세운 새로운 질서와 더불어 몰락하고
말았다. 그는 그를 믿지 않았던 자들을 믿게 할 수 없었으며,
그를 믿었던 자들의 지지를 유지할 수 있는
수단이 없었기 때문이다."

오랜 금욕 생활과 높은 지식 수준으로 명성을 얻은 사보나롤
라 신부는 1490년대부터는 교회의 타락한 현실과 세속적인 부
의 축적을 매우 신랄하게 비판하며 개혁에 몰두하기 시작했다.
특히 귀족정치를 배격하고 민주정을 도입하는가 하면 종교 개
혁을 실천하기 위한 법률을 제정하기도 했다. 그는 끝끝내 교
황의 부도덕에 항명하는 강인한 지도자의 행보를 걸어 나갔다.

하지만 그는 당시 피렌체의 경제적 어려움이 회복될 기미
를 보이지 않는 상황에서 부족한 정치력으로 교황과의 극한 대
립은 물론 피렌체 사람들의 지지까지 잃어버렸다. 결국 그는
1498년 화형에 처해지고 말았다.

사보나롤라는 사람들의 지지를 얻는 데는 성공했지만, 그 지
지를 유지하는 데는 실패했다. 사람들이 더는 자신을 믿지 않
게 된 상황에서 그는 다시금 믿음을 회복할 아무런 수단도 갖
고 있지 않았기에 몰락했다. 마키아벨리는 그의 삶과 죽음을
바라보며, 결국 '힘으로라도 사람들이 믿게끔 강제해야 한다'는

다소 급진적인 생각에 이르렀다고 볼 수 있다.

> "(군중을) 한 가지 일에 대해서 설득하기는 쉽지만, 그 설득된
> 상태를 유지하기란 어렵다. 따라서 그들이 당신과 당신의
> 계획을 더 이상 믿지 않을 경우 힘으로라도
> 그들이 믿게끔 강제할 수 있어야 한다."

> "현명한 군주라면 어떠한 상황에 처하든지 시민들이 자기를
> 믿고 따르도록 조치를 취해야 하며,
> 그렇게 해야만 시민들은 그에게 항상 충성하게 된다."

마키아벨리의 이러한 주장을 '권모술수를 써서라도 군중의 지지를 이끌어내야 한다'고 해석하는 것은 올바른 이해라고 보기 힘들다. 누군가에 대한 믿음이나 지지라는 것은 예나 지금이나 매우 순수하게 자발적인 것이기 때문에 강제한다 한들 온전히 유지되기는 힘들다. 권력과 시민에 대한 깊은 성찰과 고민을 했던 마키아벨리가 '군주가 시민들에게 믿음을 강요하면 권력이 유지될 것이다'라는 순진한 생각을 했다고 보기는 힘들다. 오히려 강제해야 할 정도로 절실하고 간절했으며, 그리고 그것이 군주의 권력 유지에는 핵심이라는 점을 강조했다고 해

석하는 것이 온당할 것이다.

우리는 사람을
무엇으로 판단하는가

과연 무엇을 통해서 나에 대한 믿음을 유지할 수 있을까? 그 답을 얻기 위해 우리가 다른 사람을 판단할 때 무엇을 기준점으로 삼는지, 그리고 다른 사람은 무엇을 기준으로 나를 판단하는지를 생각해 보자. 물론 개인마다 다양한 이유가 있겠지만, 이와 관련한 흥미로운 연구 결과가 있다. 무엇보다 이 연구는 정치인 같은 공인이나 경영자, 연예인 등의 유명인이 아닌, 평범한 일상을 살아가는 일반인을 대상으로 했다는 점에서 꽤 유용해 보인다.

부산대학교 신문방송학과 연구팀은 일반인의 평판과 관련한 질문 총 49개를 만들어 18세~65세 서울시민 616명을 대상으로 온라인 설문 조사했다. 질문은 크게 인품, 신체적 매력, 능력과 배경, 신념, 이타심, 사교성과 친근함의 범주로 나눠 진행되었고, 결과적으로 가장 많은 선택을 받은 항목은 다음과 같았다. 다만 외모나 가정환경은 제외했다.

① 미래 지향적이다.

② 적극적이다.

③ 기부를 잘하는 편이다.

④ 책임감이 있다.

⑤ 다른 사람을 배려한다.[23]

위의 다섯 가지 항목들이 바로 타인이 당신을 판단하고, 당신의 이미지를 좌우하는 결정적인 요인이다. 이 같은 요인들을 하나로 합치면 다음과 같은 캐릭터를 만들 수 있다.

'자신의 삶에서 매우 적극적이고 희망찬 미래를 만들어 나가려고 하며, 다른 사람을 돕는 사람.'

이러한 연구 결과를 좀 더 생생하게 느껴 보기 위해서 지금 당신의 앞에서 함께 맥주잔을 기울이는 사람이 있다고 상상해 보자. 그는 자신의 미래에 대한 긍정적인 비전을 갖고 있으며, 그것을 실현하기 위해 매우 열심히 살아가고 있다. 게다가 당신이 자신의 도움을 필요로 한다면 언제든 힘을 보태겠다는 선의까지 보인다. 만약 당신이 이런 상대와 함께하고 있다면 술자리가 한결 즐거울 것이다. 마키아벨리도 비슷한 취지의 말을 했다.

"신생 군주의 활동은 세습 군주의 활동보다 훨씬 더 많은 주목을 받게 마련이다. 만약 그의 활동이 역량 있는 사람의 행동이라고 생각되면 사람들은 유구한 혈통의 군주보다 훨씬 더 깊은 감명을 받고 그에게 훨씬 더 큰 애착을 느낄 것이다. (…) 그들은 신생 군주가 다른 면에서 큰 실책을 범하지 않는 한 그를 지켜주려고 가능한 모든 일을 하려고 한다. 그래서 그는 이중의 영광을 누리게 된다. 왜냐하면 첫째 새로운 군주국을 창건했고, 둘째 훌륭한 법과 강력한 군대 그리고 모범적인 행동을 통해서 그 나라를 잘 정비하고 강화했기 때문이다."

즉, 역량을 가지고 국가를 개척해 새로운 미래를 열어 가는 군주, 법과 군대를 통해서 시민들을 지키고 도와주려는 군주는 아주 좋은 평판을 얻었다. 대중이 그 군주를 위해 '가능한 모든 일'을 하려고 한다는 점에서 그 믿음의 강도가 어느 정도인지를 짐작할 수 있다.

사람은 언제
감동을 느끼는가

중요한 사실은, 이러한 믿음의 형성이라는 것이 거의 즉각적이고 본능적으로 이루어진다는 점이다. 믿음이라는 주제에 대해 많은 연구를 해왔던 학자인 마이클 셔머Michael Shermer는 뇌를 '믿음의 엔진'이라고 말한다.²⁴

인간의 뇌는 오감을 통해 유입되는 감각 데이터를 살펴보면서 이들을 서로 연결 짓고 그 가운데에서 특정한 '패턴'을 찾아낸다고 한다. 그리고 이를 기반으로 미래의 일을 '예측'하게 된다는 것이다.

예를 들어 하늘에 제사를 지내는 모습(A)과 그 다음에 하늘에서 비가 내리는 모습(B)을 연결하여 '기우제를 지내면 비를 내리게 할 수 있다'는 예측이 형성된다. 물론 그것이 진실이든 진실이 아니든 크게 상관은 없다. 이렇게 한번 연결된 사실들에 대한 믿음이 형성되면, 웬만해선 잘 깨지지 않는다는 점이 중요하다.

이러한 믿음의 엔진은 우리로 하여금 영화 속 주인공 캐릭터를 떠올리게 한다. 주인공은 자신에게 주어진 수많은 문제를 인내와 끈기로 끝내 돌파하여 앞으로 나아가며, 그 과정에서 타인에 대한 배려까지 끝내 포기하지 않고 함께하려고 한다. 이러한 영화의 결론은 늘 우리에게 감동을 안겨주거나, 혹은 비록 해피 엔딩이 아닐지라도 최소한 새로운 희망을 갈구하도록 만든다.

미국 캘리포니아대학교 버클리의 심리학과 대커 켈트너Dacher Keltner 교수는 감정이 미치는 영향을 집요하게 탐구해온 학자이다. 그는 한국에도 잘 알려진 픽사의 애니메이션 〈인사이드 아웃〉의 감독과 작가에게 감정에 대한 시나리오 작업에 도움을 주기도 했다. 그는 최근 저서 《Awe(경외감)》에서 '사람은 언제 감동을 느끼는가?'에 대한 내용을 밝혔다.

전 세계 사람들이 가장 일반적으로 감동을 받는 순간은 자연이나 영적인 경험을 할 때가 아니었다. 그보다는 95퍼센트 이상이 사람에게서 감동을 느끼는데, 구체적으로 다른 사람들의 순수한 의도와 행동에서 비롯되는 용기, 친절, 강인함 또는 극복의 과정을 지켜보며 감동과 경외감을 느낀다고 한다.[25]

우리도 한번 영화의 주인공처럼 살아보면 어떨까? 열심히 일하고, 문제가 있어도 이겨내리라 굳게 이를 앙 다물고, 친구들이나 약자를 돌보면서 살아보는 것이다. 외로워도 슬퍼도 울지 않고 웃으면서 달려가는 들장미 소녀의 삶, 눈물 따위는 웃음으로 닦아내는 그런 희망과 감동의 삶 말이다.

물론 늘 영화의 주인공처럼 살아갈 수는 없을 것이다. 배우들에게는 '연기'에 불과하지만, 우리들에게는 '진짜 인생'이기 때문이다. 하지만 그럼에도 그러한 태도가 분명 우리 삶에 유익하다는 점을 상기하고 기억해두자. 필요할 때만 꺼내 쓴다고 해도, 안 하는 것보다는 훨씬 나을 것이기 때문이다.

이분법에서 벗어나
'삶의 정치'를 시작하라

《군주론》은 지금껏 회자되었던 고전 중에서 가장 이색적이고 독특하며, 색다른 주장을 펼치는 책임에 틀림없다. 세상은 기울어져 있고, 불공평하며, 인간의 본성은 결코 선하지 않다는 불편한 진실을 주저하지 않고 드러낸다. 요샛말로 '팩트 폭력'이라고 할 만하다. 단순히 한 개인의 생각이 담긴 에세이가 아니라, 살아 숨 쉬는 권력의 진퇴를 보면서 압축해낸 통찰이기에 더욱 날이 서고 생생하게 다가온다.

마키아벨리가 이렇게 논쟁적인 책을 쓴 것은 세상의 어두운 모습을 드러내고, 인간들의 어리석음이나 부조리한 사회 구조를 드러내기 위한 목적이 아니었다. 오히려 그는 더없이 인간을 사랑했고, 그들이 고양되기를 원했으며, 더욱 자유롭고 평화롭게 살기를 원했기 때문에, 제발 좀 지금 발밑의 현실을 똑똑히 들여다보자고 말하고 싶었던 것이 아닐까.

주어진 현실을 있는 그대로 바라보는 것은 개인에게는 변화의 시작이며, 정치인들에게는 권력의 출발점이다. '현대판 군주론'으로 평가되는 《권력의 법칙》 저자 로버트 그린Robert Greene은 말했다.

"권력은 근본적으로 도덕과 관계가 없다. 권력을 얻기 위한 가장 중요한 기술 가운데 하나는 선악을 판단하는 것이 아니라 상황을 보는 능력이다."

마키아벨리가 혼신의 힘을 다해 펼쳐 보인 인간 사회의 모습이 다소간 불편하더라도 외면할 수는 없고, 때론 그것에 동의할 수 없다 해도 그렇다고 무시할 수도 없을 것이다. 변화의 방아쇠는 언제나 현재를 똑바로 바라보는 것에서 당겨진다는 생각으로, 앞으로도 우리는 계속해서 인간과 이 사회가 돌아가는 원리를 똑똑히 관찰하고 분석하여 현실에 기반한 전략을 세워야 할 것이다.

영악하지만 지혜로운
여우가 되라

> 여우의 방식을 모방하는 법을
> 가장 잘 아는 자들이 가장 큰 성공을 커두었다.
> 여우다운 기질을 잘 위장해서
> 숨기는 방법을 잘 아는 것이 필요하다.

가히 《군주론》 전체를 압축하는 말이라고 봐도 손색이 없다. 《군주론》은 사자의 힘과 여우의 지혜를 그때그때 잘 위장하여 원하는 것을 얻으라고 말한다.

실제로 여우는 사냥을 할 때 상황을 잘 관찰하고, 자신의 기질을 숨기는 데에 매우 탁월한 능력을 발휘한다. 회색여우의 위장과 사냥술은 놀랍다. 이들은 새끼 양의 근처에 다가가 온갖 매력적인 행동을 한다. 몸을 비비고 장난치고, 배를 보여주면서 어울려 놀다가 갑작스럽게 새끼 양의 목을 물어서 죽인다. 동물학자들은 이러한 방식의 사냥을 '차밍Charming'이라고 부른다. 자신의 정체를 완전히 위장해 버리기 때문에 성공률이 매우 높다.

자신을 감춰야 할 땐 존재를 숨기고, 꼭 필요할 땐 대담하게 자신이 사용할 수 있는 모든 무기를 사용함으로써 결국 원하는 것을 얻어내는 것. 이것이 바로 여우의 생존법이라고 할 수 있다.

그런데 사실 여우는 야생에서 살아가는 동물 중에는 비교적 약자에 속한다. 호랑이, 사자, 표범, 늑대, 코뿔소, 코끼리 등에 비하면 새끼 동물이라고 해도 무방할 정도다. 거기다가 여우는 유난히 천적도 많다. 하늘에는 맹금류가 여우를 노리고, 땅에서는 온갖 포식자들이 득실거린다. 자연이 여우에게 영악함과 지혜로움을 준 것은 바로 이러한 환경에서 이겨 내라는 선물일 수도 있다.

약자라는 점이 어깨가 축 처져서 살 이유는 아니며, 불안과 두려움이 덮치는 순간이 많다는 사실이 늘 밀리면서 살아갈 이유가 되지도 않는다. 그때그때 상황을 파악하는 명민한 여우처럼, 자신을 숨기면서 끝내 원하는 것을 얻어내는 여우처럼, 이 책에서 제시된 마키아벨리의 조언을 가슴속에 품고 살아가면 될 일이다.

거칠고 자유로운 삶

마키아벨리가 주목했던 여우의 방식에 하나 보태고 싶은 것이 있다면, 그것은 바로 '길들여지지 않는 습성'이다.

인생을 살아간다는 건 끊임없이 길들여지는 과정이기도 하다. 직장인으로 길들여지고, 사회인으로 길들여진다. 이것이 꼭 나쁜 것만은 아니다. 상황을 이해하고, 그에 맞게 잘 처신하는 일은 다른 말로 하면 성장하는 과정이기도 하기 때문이다.

그러나 때론 아주 나쁜 방향으로 길들여질 때도 있다. 그것은 불안과 공포에 압도 당한 나머지 도무지 꼼짝도 할 수 없는 상태가 되고 새로운 시도를 멈추며 더 나은 희망을 꿈꾸지 못하는 방식으로 길들여지는 것이다. 돈, 직장, 관계, 미래에 대한 불안은 끊임없이 우리를 길들이려 한다. 나의 시야를 흐리게 하고, 내면을 약하게 만들어 강자의 속임수와 횡포에 취약해져 버리게 만든다.

문명사회에 대한 비판에서 명저의 반열에 드는 《월든》의 저자 헨리 데이비드 소로Henry David Thoreau는 이런 말을 남겼다.

"모든 좋은 것은 거칠고 자유롭다.(All good things are wild and free.)"

내가 부정적으로 길들여지는 것 같은 느낌이 든다면, 언제라도 다시 마키아벨리를 상기해 보자. 그러면 다시금 에너지가 넘치는 거친 삶, 그러면서도 조금은 자유로운 삶을 살아갈 수 있을 것이라고 믿는다.

이 책의 제목처럼 '사랑받기보다 차라리 두려운 존재가 되어' 거칠고 자유롭게 살아가기를 바라는 마음이다. 미움을 감당하지 말고, 사랑도 바라지 마라. 당신에 대한 두려움이 만들어내는 존경이야말로, 냉혹한 세상과 운명에 맞설 수 있는 무기가 되어 줄 것이다.

1   고승연, '자산 중심으로 전략 짜던 시대 지나 유연하고 빠르게 핵심 역량 재편해야', 〈동아비즈니스리뷰〉 264호, 2019.01

2   이병주, '100년 명품을 낳은 샤넬, 현재를 즐겼다', 〈동아비즈니스리뷰〉 140호, 2013.11

3   뤼트허르 브레흐만, 《휴먼카인드》, 인플루엔셜, 2021. 3

4   리처드 G. 테데스키, '트라우마 이후의 성장', 〈하버드비즈니스리뷰〉, 2020.7-8월호

5   김지수, '도망가지 마라, 압박감 앞에서... 결정적 순간 멘탈갑 되려면', 〈조선일보〉, 2017.07.08

6   안희경, '마음 전문가들과의 대화 – (6)진화 생물학자 로버트 트리버스', 〈경향신문〉, 2015.06.15

7   Jack Zenger and Joseph Folkman, 'The 3 Elements of Trust', 〈Harvard Business Review〉, 2019.02

8   Amy J.C. Cuddy, Matthew Kohut, and John Neffinger, 'Connect, Then Lead', 〈Harvard Business Review〉, 2013.07-08

9   기시미 이치로, 《철학을 잊은 그대에게》, 다산북스, 2023.01.04

10 김소영, '성적비관 자살, 쉽게 말하지 마세요… 서울대생 정신건강 살피는 의사 [죽고 싶은 당신에게]', 〈동아일보〉, 2023.11.06

11 Center for Creative Leadership, The Progress Principle, LEADING Effectively, 2012.11

12 Katharine Mieszkowski, 'Opposites Attract', 〈Fast Company〉, 1997.12.31

13 김상근, '어정쩡함은 친구를 만들지도, 적을 없애지도 못한다', 〈동아비즈니스리뷰〉 104호, 2012.05

14 Gary Noesner, 《Staliing for Time: My Life as an FBI Hostage Negotiator》, Random House Trade, 2018.01.02

15 박미라, 'FBI 인질협상가는 악마와도 흥정하라고 한다', 〈동아비즈니스리뷰〉 81호, 2011.05

16 Charles Roxburgh, 'The use and abuse of scenarios', 〈Mckinsey Quarterly〉, 2009.11.01

17 Vikas Shah, 'A Conversation with Noreena Hertz on Loneliness and How to Restore Human Connection in a World That's Pulling Apart.', 〈Thought Economics〉, 2023.10

18 https://blog.samaltman.com/how-to-be-successful

19 최혜원, '남을 도우면 내 고통도 잊게 된다', 내 삶의 심리학 mind, 2020.02.04

20 Marina Benjamin, 'Why hiring the 'best' people produces the least creative results', 〈AEON〉, 2018.01.30.

21 정동일, '21세기형 진짜 리더십은 자율경영, 구글과 홀푸드마켓의 과

감함을 배워라', 〈동아비즈니스리뷰〉 195호, 2016.02

22 박용선, 'MZ 세대가 일하는 법', 〈이코노미조선〉, 2021.06.03

23 황성욱, 조윤용, '일반인의 평판, 어떻게 측정할 수 있는가?', 〈한국광
고홍보학보〉, 2017년 겨울 제19권 4호

24 michaelshermer.com

25 Dacher Keltner, 'What's the Most Common Source of Awe?',
〈Greater Good Magazine〉, 2023.01.24

THE PRINCE

사랑받기보다
차라리 두려운 존재가 되라

초판 1쇄 발행 2024년 4월 25일

지은이 이남훈

편집 김세원
기획 이진아콘텐츠컬렉션
표지디자인 studio forb
본문디자인 Aleph design

펴낸곳 더스퀘어
출판등록 제 2023-000109호 (2023년 10월 11일)

ISBN 979-11-985799-2-8 03100
ⓒ 이남훈, 2024, Printed in Korea

좋은 콘텐츠를 생산하고 소비하고 공유하는
세상 모든 천재들이 모이는 광장 '더 스퀘어'에 오신 것을 환영합니다.

당신의 아이디어와 콘텐츠에 가치를 더해 드립니다.
문의 cometosquare@gmail.com